U0659515

906—1908

THROUGH
LOULAN

主编：巫新华

拿哥土坯的石建筑
阿上，被残
泥质像基座
风蚀洼地

西域游历丛书 06

楼兰路经

SIR AUREL STEIN

[英] 奥雷尔·斯坦因 著

肖小勇 巫新华 译

沿AB线的剖面

GUANGXI NORMAL UNIVERSITY PRESS
广西师范大学出版社
·桂林·

路经楼兰
LUJING LOULAN

图书在版编目（CIP）数据

路经楼兰 / （英）奥雷尔·斯坦因著；肖小勇，
巫新华译. —2 版. —桂林：广西师范大学出版社，
2020.4（2022.3 重印）
（西域游历丛书）
ISBN 978-7-5598-2716-6

Ⅰ. ①路… Ⅱ. ①奥…②肖…③巫… Ⅲ. ①楼兰－
考古发现－史料－研究 Ⅳ. ①K878.04

中国版本图书馆 CIP 数据核字（2020）第 047848 号

广西师范大学出版社出版发行

（广西桂林市五里店路 9 号　邮政编码：541004）
（网址：http://www.bbtpress.com）
出版人：黄轩庄
全国新华书店经销
广西广大印务有限责任公司印刷
（桂林市临桂区秧塘工业园西城大道北侧广西师范大学出版社
集团有限公司创意产业园内　邮政编码：541199）
开本：787 mm × 1 092 mm　1/32
印张：10.125　　字数：210 千
2020 年 4 月第 2 版　　2022 年 3 月第 2 次印刷
印数：8 001~10 000 册　　定价：56.00 元

如发现印装质量问题，影响阅读，请与出版社发行部门联系调换。

出版说明

1900—1901年、1906—1908年、1913—1916年，英国人奥雷尔·斯坦因先后到我国新疆及河西地区进行考古探险，并先后出版了这三次考古报告：《古代和田——中国新疆考古发掘的详细报告》《西域考古图记》《亚洲腹地考古图记》。这三部著作是斯坦因的代表作，较全面地记述了我国新疆汉唐时期的遗迹和遗物，以及敦煌石窟宝藏与千佛洞佛教艺术，揭开了该地区古代文明面貌和中西文明交流融合的神秘面纱。此外，斯坦因还详细描述了深居亚洲腹地的中国新疆和河西地区的自然环境，以及山川、大漠、戈壁、雅丹、盐壳等地貌的种种奇妙景观。斯坦因的著作为人们打开了此前"未知世界"的大门，当时在国际上引起了巨大轰动，西方列强的学者们对此垂涎欲滴，纷至沓来，形形色色的探险家也紧随其后，蜂拥而至。

斯坦因的这三次考古探险活动，足迹遍布塔里木盆地、吐鲁番盆地和天山以北东部地区，所到之处，几乎盗掘了我国汉唐时期所有重要的古遗址和遗迹，对遗址和遗迹造成了严重破坏，所出文物也几乎被席卷一空，并运往英属印度和英国本土。此外，斯坦因在河西敦煌以及内蒙古额济纳旗黑城等地也进行了大肆的盗掘和劫掠，其中尤以对敦煌石窟宝藏的劫掠最为臭名昭著。可以说，在20世纪30年代之前，斯坦因是我国西部地区古遗址最大的盗掘者和破坏者，是劫掠中国古代文物的第一大盗。斯坦因的上述著作是西方列强侵犯我国主权的铁证，同时也为那段令国人屈辱的历史留下了真实的记录。因此，我们在阅读斯坦因上述著作时，一定要牢记惨痛历史，勿忘国耻。

斯坦因上述三次考古报告都是综合性的学术性专著。为了方便一般读者更多地了解斯坦因在我国塔里木盆地、吐鲁番盆地和天山以北东部以及河西敦煌等地区的发掘工作和搜集文物的情况，我们对上述三次考古报告原著做了一些技术性处理，即删除了一些专业性特别强的内容，将插图进行适当调整并重新编序等。

本册出自《西域考古图记》：1906年12月，斯坦因来到楼兰遗址，逐一调查和编号楼兰遗址群，发掘出土了大量的木雕、陶片、纺织品、古钱币等各种器物，结合出土的大量文书和文献考证了楼兰的兴废。

目　录

第一章　　穿越罗布沙漠

    第一节　首访米兰 1

    第二节　通过塔里木河的尾闾湖 8

    第三节　穿过侵蚀的古三角洲 16

第二章　　楼兰遗址

    第一节　发掘废住宅 L.A.I 30

    第二节　调查废住宅 L.A.II～L.A.VI 42

    第三节　古代垃圾堆 L.A.VI.ii 中的发现物 51

    第四节　围墙遗迹 60

    第五节　L.A 废弃的佛塔 67

    第六节　一处佛寺遗迹 77

    第七节　废墟 L.B.IV～L.B.VI 中发现的遗物 88

第八节　楼兰遗址的汉文文书...................103

第九节　楼兰遗址出土的佉卢文文书...................114

第十节　汉文史料中的楼兰遗址...................119

第十一节　楼兰的废弃...................133

第三章　重返米兰遗址

第一节　前往车尔臣河三角洲...................137

第二节　米兰废堡...................149

第三节　米兰戍堡中的发掘...................155

第四节　米兰戍堡中的各种发现物...................164

第五节　米兰戍堡中发现的吐蕃文书...................173

第六节　用如尼文写的突厥语写卷...................179

第四章　米兰古代佛寺

第一节　佛寺 M.II 遗址的雕塑残片..................................191

第二节　佛寺内殿 M.III 及其壁画..................................211

第三节　内殿 M.III 的绘图饰带的残存物..................................236

第四节　内殿 M.III 中的天使护壁..................................244

第五节　发掘寺庙 M.V..................................257

第六节　内殿 M.V 中的佛传壁画..................................269

第七节　内殿 M.V 的绘画护壁..................................283

第八节　M.V 发现佉卢文题记以及米兰的遗迹..................................296

第一章

穿越罗布沙漠

第一节　首访米兰

我们在若羌忙了3天，完成了沙漠探险的准备工作。1906年12月6日早上，一支由50名发掘民工和21只骆驼组成的探险队出发了。21只骆驼载着我们5个星期的供给和冰块，到罗布沙漠深处时，将需要这些冰块来为我们提供必要的供水。我的第一个目标是楼兰遗址，位于最近的居民点阿布旦小渔村东北100多英里，离发现的最近的可饮用水地点也足有70英里。考虑到面临其他只能在寒冷的冬季进行的艰难工作，节省时间显然必要。因此我只好根据水的供应量带上尽可能多的民工。冰块是否已经在咸水泉阿提米什布拉克形成，以及骆驼运输的限度是多少，这些不确定性使后一问题变得十分复杂。尽管多方努力，但若羌的资源仍然不够，只不过为我增加了7只瘦弱的牲口，我自己原来有8只，后在且末又租用了6只。

尽管因运输和供给的原因，我急于尽早赶到楼兰遗址，但无论如何，我绝不放弃顺道访问米兰遗址的机会。12月8日，我首次访问了东面的遗址。渡过小河，是沃土带，那里有些已被开垦出来。其外是生长灌丛的大草滩，从草滩出去不远，就是覆盖着细沙粒的真正的荒原。荒原呈水平向东延展，一种又低又窄的长沙脊从中将其割裂。这些沙脊出奇的直，大致呈南北向平行，这立即使我想到，它们是一组古代的渠道。一到那里，我就看见一个完全废弃的土坯建筑形成的小墩，显然是佛寺遗迹，从它的顶部我又看到了其他废墟群突然出现在东面宽广的平原上，仿佛湖面上的小岛。毫无疑问，我站在了一个重要的遗址上。

从此往东约600码，就到了第一组废墟（图1），它们由4座建筑物组成，规模不是很大，结构却非常牢固，而且都很古老。有两个无疑是佛寺，其一，见图1的中右侧，肯定曾围绕有圆形结构物，这个与众不同的特征立即引起我的注意。另一座废墟，见它的左侧，似乎是一座方形寺庙，以非常坚硬的土坯建造，很结实。但那里填充和覆盖着粗大的石块，不经发掘，不可能确认。

没等考察南面和北面风蚀阶地上见到的小遗迹，我就匆忙赶往古戍堡，那是米兰遗址最重要的废墟。远远望去，在这绝对平坦的地面上，古戍堡看起来十分宏伟。但当我步行1英里多后走近它，登上被严重破坏的西墙进入到里面，不禁感到失望。已被

图1 米兰遗址 M.III~M.VI 塔寺遗迹，自西望

破坏的城墙和棱堡庄严宏伟，部分地段依然高峻，但其内部构造与戍堡不规则的形状说明它的时代比较晚。整座戍堡呈不规则四边形，较长的两面墙长约240英尺，这两面墙看起来分别面朝东和西北。墙角有不同尺寸的长方形马面。每面墙的中部也有马面，其中，南面的那个（图2）特别醒目。它突出墙线以外约30码，高仍有43英尺，看起来像是城堡的主楼。

这座荒凉的堡垒内部空空荡荡的，表面上没有上部构造的痕迹。但我注意到城墙里面靠近西墙处，风蚀作用在地面上挖出了一个洼穴，低于马粪层10英尺才露出原生地面，这时我不能怀疑

图 2　米兰遗址吐蕃城堡的南面，有中央棱堡

其年代的古老。地面自东墙向下倾斜，其后堆积着一层沙子和细石子，显然是东北风吹过来的。离保护得较好的东北角不远，露出一些木柱来，高于石子面约 1 英尺。

我安排民工沿东墙排成一线开始工作，一排小房间从覆盖着的沙砾下立即显露了出来（图 3）。它们全都以土坯砌成，粗糙的胡杨木柱支撑着上面以红柳枝和黏土构成的屋顶。除或多或少与戍堡的东墙平行外，这些小房间的布置很不规则。在那天和第二天试掘的房间中（M. I. i~vii），最大仅 16 英尺 ×11 英尺，较小的只有 5 英尺宽。

图3 米兰遗址吐蕃城堡内部，发掘中，望向东北角

这些半地穴式的房间虽然小而简陋，古代垃圾却非常丰富，似乎一直堆积到房顶。挖掘一开始，就突然出现了大量写有吐蕃文的纸片和木片。当这些房间变成垃圾坑时，居住者将成层的麦草、削成片的木块和杂合物遗留或扔在这些房间里。从这些弃物中不断清理出这种文书，有的完整，有的残缺，直到房间的底部。房间 M.I.i 发现了40多件文书，而当第二天清理完一组小壁橱时，这个数目就上升到了136件。

大多数吐蕃文书由窄条形木片做成，长6~8英寸，宽近2英寸。完整的文书通常在左端有一长方形印穴，清楚证明其内容是世俗的。这种性质的文书似乎在纸文书中也占优势。纸文书大多是以小而脆的纸片写成，它们使我回忆起在丹丹乌里克的类似发现。有些薄纸片发现时仍被整洁地折叠着，好像准备发送，而且盖有红色的印戳。但在这类信件等的附近，也发现了长方形树叶，在有规则的控制线之间整齐地写着经文，很容易认出是有宗教内容的菩提残片，因为手迹、形状和质材与我1901年从安迪尔唐堡中发现的甘珠尔残片十分相似。

从这些沉积很深的垃圾中发现的各种器具、衣物和武器等，同样丰富。对它们和米兰遗址出土的吐蕃文书的描述将留给以后章节，这里我将只陈述许多古怪的甲胄鳞片，它们用硬皮制成，并漆成红和黑色。这些鳞片常常仍以原来交织着的皮带系在一起，它们的排列方式证明，我对在尼雅遗址首次发掘期间发现的、少数有穿线孔的零散硬皮片的认识是正确的，即它们是甲胄鳞片。发现的两个完整的大广口瓶（图4）具有年代学意义，每一个的直径为2英尺，颈下刻有一个吐蕃文字。这些广口瓶固定在房间 ii 和 iii，v 和 vii 之间突起的小壁龛中，这清楚表明当住宅被实际居住时，它们被用来贮藏液体。每一件事都指向如下结论：废堡的建筑遗迹和堆积其中的沉积很深的垃圾——丰富的考古遗物和引人注目的泥土，全都属于吐蕃占领时期，根据可利用的历史证据能够可靠地定在公元8世纪或9世纪。

留下这样有望获得重大发现的宝库不进行全面发掘就离开，即使是暂时的，似乎也难以做到，因为第一天就揭露出了大量古

图4　米兰吐蕃城堡中发掘出的大土罐和篮子

代文物。但第二天早上，当我把戍堡中的发掘交由拉姆·辛格和蒋师爷继续主持，在自己对东北方向约1.5英里、托乎提阿洪说遗有雕塑的废墟做一次快速调查时，我立刻意识到，安排对米兰遗址进行完全清理，将冒严重延误罗布沙漠北部遗址探险的风险，而且现实也不允许如此。这处废墟表明，这是一座佛教寺庙，中心部位有一个结实的土坯台，长约46英尺，宽30英尺。台基东北堆积的碎块上面，壁龛中还有灰泥浮雕，壁龛之间隔以设计精美的建筑装饰。我才清理了基座那一面的一小部分就碰到大块的灰泥雕塑，包括塑造得很好的大佛头，风格与热瓦克佛寺浮雕极为相似。

第二节　通过塔里木河的尾闾湖

12月10日早上，我从米兰出发前往楼兰遗址，北行约19英里至塔里木河。一路都是沿米兰河近乎干涸的河道而行，所经之地是典型的罗布洼地尾闾湖道的延续。再行约6英里，我们经过一片繁茂的胡杨林。胡杨林沿着在洪水冲刷出的河床两岸延伸，河床中低洼处的水洼已完全冻结。从这里开始，河边树林一直向前延伸，最后被稀稀落落的红柳丘所取代，偶尔见到片片芦苇地。又行约10英里，经过一片平原，几乎是一马平川，结有盐壳，却几乎看不到一棵红柳。地表特征清楚显示这里曾被东面罗布沼泽周期性地淹没。在距离小村阿布旦所在塔里木河右岸略为突起的地区之前约2英里处，我们通过了一片生长着稀疏灌木丛的真正的沼泽。阿布旦是一个只有渔民草屋的小村，却仍然是坚持传统生活方式的罗布人最向往的地方（图5）。

我将可能多余的行李和供品留在阿布旦。蒋师爷虽然渴望与我共进沙漠，但和其他人一样不能面对前面艰难的长途跋涉，

图5　在阿布旦做人体测量的罗布人

也留在阿布旦。米兰河到这里只剩下了一条明确的河床，宽约48码，很深，已冰封。奇怪的是这条流速不过每秒两码的窄河道竟容纳了来自昆仑、帕米尔和天山雪峰而注入塔里木大盆地的所有剩余的河水。我先用罗布人的五艘独木舟建造了一艘渡船，它可以将所有骆驼和已减少很多的辎重摆渡到左岸的营地。

　　12月11日，我们沿着塔里木河狭窄的风蚀河床行约5.5英里，至阿克库勒湖。从东南约2英里远的地方就能看见那里的库木恰普干草屋，那是个罗布人的小渔业站。然后，我们走上小道，猎人和渔民经常出入于此，小道由此形成。塔里木河转而向南流去，我们告别塔里木河，继续向东北方前行，接着穿过一片生长着芦苇和稀疏红柳的大草地。每隔一定距离，就见到牧放的罗布人的羊群。又行8英里，至阿拉木霍加库勒湖，湖畔颇多沼泽，湖水新鲜，已经冰冻。它是最北的一长串浅湖中的一个，注入那里的洪水据说是从库木恰普干以下分流出来。木拉和托乎提阿洪——我们的阿布旦向导，从狩猎探险中熟悉了东北部地区，他们说，这些浅湖和沼泽中的水是塔里木河夏季洪水留下的，比罗布人称作"喀拉库顺"的大三角洲中的水更咸，结冰的时间也更晚。我们就在湖边扎营。夜晚大部分时间是切取冰块，并将其装入粗大的毛袋中，以确保我们为期四周的供水。

次日早晨，我们将沉重的冰袋交由9只骆驼载负，其余较小的袋子则换由30头驴驮运。这些驴子只将冰块和供给品运到沙漠中的中转库。再给骆驼饮足水，这将是以后数周中的最后一次。虽然这些安排延误了出发的时间，但那天还是走了约18英里，因为那些地方还比较好走。我们最初所走的渔民小道转向更北方，以避开英苏河所注入的宽阔的浅湖沼。但我1914年回来时，发现它已完全干涸了。走过6英里的芦苇地，遇到一对有水的浅湖，湖水明显很咸且还未形成冰壳。绕过浅湖，就见到荒凉的平原，平原上覆盖着碱块，露出不多的几条芦苇滩。然后到达名叫雀勒库勒的浅湖，一大片开阔的水面呈现在眼前。在我们左面10英里的地方，有一条明显的干河道，以前有水时，可能流至湖内。雀勒库勒对面，生长着茂密的活芦苇和红柳丛，一直延伸到干涸的牙海子玛克库勒湖。湖很小，到达时，夜幕已经降临，我们不得不停止前进。

12月14日早晨，我安排将载负我们来到这里的矮种马送回阿布旦，然后继续向东北前进，现在除测量员拉姆·辛格外，全都步行。走了约4英里，来到一处宽阔水面的最北边。这处水面是柴鲁特库勒湖的一部分，木拉和托乎提阿洪说这是个尾闾湖，渐逝的塔里木河的支流英苏河的水定期流到这里。芦苇丛又高又密，中有一口水池，池中的水可为动物饮用，池面上已凝结了一层薄冰。附近地面上有渔民扎营时留下的痕迹，可能是前几年访问邻湖的渔民留下的。我把民工备用的配给留在这里，并留下两人看守，等驴子从预定中转库回来后再往前运。驴子在这里饮足水后，可以往沙漠深处再走两天。

我们现在所处柴鲁特库勒湖滨的地点，对确定前去楼兰遗址的路线很重要。从斯文·赫定博士的《中亚和西藏》及其第一卷所附示意图上，我看到，到目前为止我们所走的路线，与他1900—1901年从库鲁克塔格山脚穿越罗布沙漠，到达今塔里木河三角洲或喀拉库顺湖西北边缘，然后前往塔里木河最下游所取道的路线是相同的。托乎提阿洪说，我们中转库的所在，与斯文·赫定博士1901年3月在柴鲁特库勒湖畔扎营的地点实际上是同一个地方。

那时或以前我既不曾看过他的大作《中亚和西藏》，也未见过附于该书中的详细地图。但前面提到的示意地图足以说明，为了到达他首先发现的遗址，我现在必将取道北—北东方向，这必然趋近他所走的路线，只是方向相反而已，而且如果我们保持直线前进，实际上将与其所走路线保持一致。但在前面的荒漠中，除罗盘外别无他物可以判明方向，木拉和托乎提阿洪也都不曾从这边访问过那个遗址。不过，又向北行约一天，地貌仍与他们以前狩猎时所见相似，这使他们对那个重要目标充满信心。新近形成的、1901年3月迫使斯文·赫定博士迂回了一个大圈子的大浅湖，自那以后几乎完全干涸了，只剩下散落的咸水洼。因此，只要斯文·赫定博士的示意地图中标出的楼兰遗址的位置大致正确，我就能够用罗盘可靠地控制我的路线，而不必担心迂回和浪费时间。

又走2英里，至一盐湖的南边。这里曾是英库勒或"新湖"之地，故现在罗布渔民用它来特指这个盐湖。据说已有3年没有新水流入这个狭窄的、弯曲的洼地，由于水中盐度的增长，湖中的鱼似乎正在迅速死去。我们发现在一处草屋附近晾晒着很多鱼，还有大量垂死的，或已失去知觉的鱼正被渔民用手从刚结的薄冰下抓出来。这个湖和我们接着经过的其他浅湖，周围都环绕着大片泥泞的、覆盖着盐的土地，说明这个"新湖"正在迅速萎缩。又越过一个新月形大浅湖，湖的北面较深处尚保持有水。接下来就见一个盆地连着一个盆地，它们看起来像是最近才变干的，猎人们称之为库尔班库鲁库勒。我们走过其中最大者，行约1.5英里，在其北岸见到大片新芦苇和红柳，那正是我们停下来过夜的好地方。

白天我从木拉和托乎提阿洪那里得知，自斯文·赫定博士以来，这个地区的自然面貌发生了显著变化。据他们说，在他1900年首次访问以后的3年中，英库勒盆地充满了来自塔里木河支流英苏河春季的洪水。1903年以后，再未有水到达这些盆地，所以这些浅湖正继续萎缩，同时，剩下的水变得越来越咸。他们年轻时就从猎鹿等探险中熟悉了英库勒洼地，而我访问了罗布地区两次——这次和1914年的那次，两次都有机会从各方面测试他们所给予我的信息，结果是，我倾向于承认其实质是正确的。他们从父辈那里听说，这些盆地从前相当一段时期里保存有水，而且托乎提阿洪本人记得大约在1892年发生了一次异常的洪水，洪水汇进了柴鲁特库勒以北不出一天路程的浅湖。如果过去的一两代都存在这种间歇性的洪水，似乎就很容易说明为什么我们会在这里发现大片稀疏的、死的与活的芦苇滩。另一方面，我的猎人们认为其间相当的洼地完全没有植物是因为那里周期性保存有深水。

我可以顺便说明，1914年重访这里时我发现，这个受英苏与卡克玛克恰什河洪水影响的地区干涸还在加重。1914年2月3日，我们从阿拉木霍加库勒到柴鲁特库勒途中见到的所有的浅湖都已干涸，尽管所走的新路更靠东因而离洪水河床更近。柴鲁特库勒本身除先前提到的水池外也已不再有水，甚至那里的冰也有盐味。经过柴鲁特库勒后，我们紧靠着1906年的路线行至库尔班库鲁库勒，但不见任何开阔的水面，只在盆地的最深处见到一片片湿地和一对非常小的盐池。显然，自1903年以来就再没有特大洪水渗透到这里。

12月14日对我们载重的牲畜来说是十分艰难的一天，但我却观察到一些新奇的特征。那天我们走了16英里，所经之地当时我认为是现在塔里木河三角洲真正的边缘和北边一度得到某早期三角洲注水的完全贫瘠的沙漠之间的过渡带。我们整天都是在干燥的、覆盖着盐的大小湖床上行走，湖床的最深处偶尔可见的盐水池，清楚表明我们仍处在英库勒洼地之中，特大的洪水有时还能到达这里。但底土中的水分足够维持稀疏沙生植物生长的地区，从我的营地仅仅延续了2英里多。又行2英里，就出现了接近强烈风蚀地形的迹象，这种风蚀地貌是罗布沙漠北部最显著的特征。

狭窄的硬土台与小沟相间，到目前为止沟深只有3英尺或4英尺，但坡度陡峭，显示出这一地区风和流沙的侵蚀作用。斯文·赫定博士称之为雅丹，这是一个合适的突厥语名称。雅丹的顶部，一律覆盖着网状的平行浅沟，所有浅沟与盛行风刻出的沟一样，呈东—北东至西—南西方向。雅丹侧面暴露出的土壤是成层而坚硬的泥土，显然是古湖床的沉淀物，但看不到盐的成分。侵蚀不可能在这里持续很久，因为土坎的顶部有些地方还保有死芦苇茎缠结而成的保护层，它们全都按风向平直铺设。有些地方正在变湿，似乎暂时阻止了剥蚀，而这将说明我在那里发现的死芦苇为什么总是位于雅丹之间。

　　越过这道风蚀地，我们又来到平坦的盐碱地，那里有或大或小的干浅湖。最深的地方偶尔可见到水池，池中的水非常咸，以至还没有一处结冰，尽管天气异常寒冷。这种明显的洼地似乎普遍都是从东北向西南延伸，这可能表明这里在较早和较干旱时期受风蚀影响特别严重。行约8英里后，进入一片狭长地带，那里生长着活芦苇和红柳。又走了约3英里，我们遇到一行死胡杨，它们介于红柳丘之间，红柳也是死的。这些死胡杨所在的地方是一条古河床。

　　经过另一个大干盆地之后已是傍晚，面前突然出现一片低沙丘，隆起的风蚀土埂和土台高达六七英尺。巨大的野杨树和红柳树干被晒得发白，大量散布在裸露的地上，表明这里曾是一片繁茂的河岸丛林。我感到好像又回到了塔里木河尾间沼泽，河汊中一度流淌着河水，河岸生长着树林，裸露的地上散落着大量淡水蜗牛。继续前行约1.5英里，薄暮徐徐降临，我们在一条高沙丘脚下扎营，沙丘上覆盖着灰白的红柳丛，有些死了，有些还活着。我们在一处感觉潮湿的沙子洼地中掘出一口井，仅5英尺深就开始出水。和预期的一样，井中的水异常苦咸，连骆驼都不能饮用。这表明附近的地下水可能浸透到先前经过的富盐洼地，这个情况我的罗布里克向导似乎非常熟悉。

第三节　穿过侵蚀的古三角洲

12月15日早上，中转库在121号营地建好了。30头驴驮运的全部冰袋被小心地堆放在最高大沙丘的北边。驴由两人专门看管，天亮时要送回柴鲁特库勒，在那里休息两天，然后用已经腾空的袋子装上劳工的贮备食品和鲜冰运回来，并带些苇子给骆驼吃。等我们一到遗址，就让骆驼队返回中转地，去驮运余下的供给。我谨慎地定好时间，以避免运输分队不必要的等待和耗尽供给的危险。

这当然得依靠我们的正确指挥。前面的地形起了显著变化，行动愈发困难。一开始我就认识到，现在已经走出最近才形成的湖盆平原，可作为引导点的红柳丘之类已经不见，地貌特征也已完全不同。走了一整天，虽然尽了最大努力，但也不过前进了16英里。一路所见都是连续不断的风蚀沟和拔地而起的硬土坎，没有任何低沙丘，令人迷茫。脚下的土地非常坚硬，是浅灰色的泥土。劲风雕蚀的雅丹自东—北东向西—南西方向规则地排列。雅丹之间的沟壑侧壁陡峭，深4~10英尺。沟与沟之间隔着的台地，顶部也刻出网状浅沟，方向与深沟一致。显然，是风驱动着流沙不断地刻蚀曾是早期地质时期湖底的地表，最后形成了今天这种奇特的地貌。

　　但并非全都如此，有时仍可见到一些狭长地带积聚着流沙，形成低沙丘。没费多长时间我就发现这些流沙区往往都有死树林，通常自西向东延伸，这正好与我们前行的路线交叉而过。几乎每一处的胡杨和红柳树干尽都枯萎灰白，无论是半躺着的还是直立着的，看起来都大致规则地排列成行。我曾多次在塔里木盆地的冲积平原上顺河而行，像其他观察者一样，发现野杨树通常是现在河岸丛林的主体，无论大小，走向都与河岸平行。这个观察结果同样适用于死森林地带。在古代遗址和塔克拉玛干的其他地方，干涸的河道支流的附近，我们经常碰到这种死森林地带。因此自然得出结论：我们那天每隔三四英里便碰到的这些死林带曾经是某早期三角洲的一部分。

　　当有水时，树木及其下面的灌木丛旺盛生长，有助于拦截并固定流经的细沙。在罗布洼地或塔克拉玛干，我看到现在所有河道沿岸的景象都是如此。当它们缺水死去，这层覆盖物仍将保持在衰落的丛林周围，保护着残余的枯枝和土堤免受侵蚀。这个过程和在塔克拉玛干的尼雅遗址与其他废墟中经常见到的那些本质上是相同的。那些地方古木头、垃圾堆、灯芯草栅栏和类似之物保护住了原居住地面及其遗物，使它们没有被侵蚀到现在周围开阔地的高度。死树和灌木的根使地面得到加固，这对保持干涸的河堤河岸免受侵蚀大有裨益。使渠堤得以保存下来的可能也是这个原因。我经常在老遗址看到这种渠堤，它们高出挖掘面许多。

　　附近有成行死树的侵蚀沟，沟堤通常看起来特别陡峻。走了约12英里，碰到一个明显的、延续很远的洼地。这个洼地及其可观的宽度和超过15英尺高像墙一样的堤岸，使人想到这是一条古河床。我们经行的地方起伏不定，以至于连保持住罗盘指定的方向都成问题。虽然长有成排死树的台地和我常常选来固定平板仪的沙丘总是明显高于介于中间的雅丹地面，但要看到远处的景色或明确的陆标是不可能的。这使我们非常容易迷失方向。此外，因骆驼的缘故，也要不断绕道。骆驼本就无法爬上陡堤，更何况它们的脚已经受尽了坚硬的雅丹地面的折磨。

尽管如此，我现在感到那些连续枯死的树木标示着古代水道这个认识是正确的。

库鲁克达里亚南面的这些支流很可能延续到121号营地和123号营地之间、我据河岸林带推断出的古河床。现在实际上已在好几个地点追踪到了这几条推测的支流河床，而且其总的方向已经确定。它们开始都是呈北西至南东方向，然后向东通往结有盐壳的大洼地。事实证明，这个大洼地曾是整个库鲁克达里亚河三角洲的终端湖。

从121号营地前行1英里多，穿过一条布满枯死的野杨树的流沙带，突然发现侵蚀地上撒满了石器时代文物。最先引起我注意的是两块小碧玉片（图6）和一块刀形碧玉块。我立即让随从人员注意寻找，接着就在光秃秃的风蚀地上不断发现类似的加工石器。

由于现在从罗布泊泽以北到库鲁克塔格山脚，除流沙外全是湖相沉积土壤，所以很明显，在这种地区捡到的所有石器一定是

图 6　碧玉

人类出于某种目的带过来的。途中大部分地区还见到非常粗糙的手制灰、棕或红色陶片，还有矿渣。鉴于这种情况，我们尽量保持直线前进。向左或向右搜索都将延误时间，所以这几乎是要排除的。如果搜寻的范围更广一些，发现物的数目将多得多。

这些石器不管是加工过的还是带来使用的，大多数是碧玉，也有燧石、玉髓（含红玉髓）和玉。可以推断，它们都来自南面。众所周知，昆仑山极富这些材料。搜集的140件石器中，大约有一半是经不同程度磨光加工的，其余的是被人工打出的小薄片和碎片，但没有证据表明它们被使用过。

这些石器数量之多，涉及地域之广，表明这里曾是史前人类的活动场所。但同样，自然因素——风蚀，一方面使我们可以很容易从地表捡到这些石器时代的文物，另一方面又令我们难以从它们得出任何肯定的人类活动的年表。这些发现引发的许多有趣的问题，不能从其自身获得答案。这些石器时代的遗迹是属于一个延续时期很长的单一地层吗？或者它们原本属于不同时期的地层，只是因为受到侵蚀才共存于同一地面？如果假定这个地面与受到死树和流沙保护的台地顶部之间的高差标志着自石器时代以来风蚀作用的程度，那么这个假定可靠吗？或者是到很晚的时期这里仍然清水长流，还是也许在长期干燥和剥蚀之后这里又重获了新水？

到那里的第一天，我就很幸运地找到了一件具有确定大致年代价值的小器物。1914年，我在同一位置的西边又有重要发现，它证明这个解释很正确。从121号营地前行约4.5英里遇到一条死林带，除胡杨外，还有死沙枣树干。托乎提阿洪锐利的双眼发现林带附近地上有一枚完美的铜箭头，其形状，切面呈三角形，铤六角形，与在楼兰古城或其附近捡到的大量铜箭头的形制极其相似（图7）。我在古代中国边境线上的大量发现证明，公元前后数世纪中国军队经常使用相同类型的铜箭头。这种类型的铜箭头汉代时传入楼兰地区，并且可能是在中国内地制造。1914年的发现明确证实了这个必然的结论。那一年，我沿着经由楼兰以东盐漠的古代中国之路前行，发现沿途散布着大量这种箭头，就像是一支护卫队遗落的。

那枚箭头提供的考古证据足以表达的观点，即121号营地以北地区覆盖着河岸丛林，而且至少在纪元初期的数世纪偶尔有人

图 7　铜箭头

访问过，可能就在那时，某个猎人或士兵遗失了那枚箭头。直到1914年2月我再来到这里探险，才发现在121号营地以西可能不过4英里的地方，风蚀沙漠中隐藏着一座废堡。这座废堡肯定延续到大约与楼兰遗址相同的时期，即公元4世纪初期。其西北约6英里处，残存着一处小村落的废住宅，无疑属于相同时期。这个村落位于库鲁克达里亚南支的岸边，河床清楚可见，自西北而来，然后向东—南东而去，而这个方向正通往我1906年在其附近发现铜箭头的死林带。我认为这似乎确证了如下事实：这件文物来自同一河床的下游，这条河床经过废弃的村落，而且直到公元4世纪初肯定还有水。1915年2月，测量员阿弗拉兹古尔沿结有盐壳的古罗布海床西北岸做过测量，用平板仪绘出了地形链。就在相当位置，他标上了这条由死胡杨和红柳丘连成的干河弯曲的尾闾湖道，干河最后消失于覆盖着硬盐的巨大洼地，即最早期的真正的罗布淖尔。

前往122号营地余下的路上没有发现其他可确定年代的文物。事实上除石器时代的器物外一无所获。在其外直线距离约8英里的路上也没有发现。因此，我有保留地提出如下观点：该地区缺乏楼兰时期的遗迹可能是因为流经这里的河床从新石器时代末期起就不再有水。如果纪元前后该地区已经无水，那么从那以后可能就不再有人类居住，甚至是半游牧民，因而这将充分说明为什么会缺乏历史时期的考古文物，例如金属器。

关于这一点，我想起了对该地区现在自然条件的观测。如果从当地的石器时代末就完全没有水，而且地表失去植物的保护，那么这里遭受风蚀的时间将比北边楼兰遗址及南边废堡和废住宅遗址所在的河岸地带长数世纪。这样长期经受风动沙的冲刷作用，必将导致（假定其他如土壤、风等因素相同）总地面高度的显著磨损和降低。1901年斯文·赫定博士从楼兰遗址正南前往喀拉库顺沼泽，测量了一个明显的洼地，并绘出了等高线图。那么这个洼地有可能是长期在这一地区发生作用的侵蚀风力直接造成的吗？

刚才提到的洼地在斯文·赫定博士的科学报告中有很长的讨论，并作了生动的图解，它位于122号营地南北之间，我在那里找到过石器时代的遗迹，但没有楼兰时期的文物。斯文·赫定博士有价值的高度测量已经确实证明，喀拉库顺以北的罗布沙漠相当平坦，在这种明显的平原上，这片洼地必然具有极为重要的水文意义。然而它的最低点，仅比楼兰遗址主佛寺附近侵蚀地上斯文·赫定博士高程系的起点低3.981米。而在其测站81号和149号之间测得的高度的平均值，算出在其起点以下1.365米，或不超过4.5英尺。考虑到通过测量原地面高度和附近风蚀洼地高度之间的差别，可以确定风蚀的程度。楼兰遗址废墟附近的侵蚀度证明，当地总计平均为每世纪1英尺多，所以上述推测性的解释可能很值得考虑。无论如何，它将表明不用探索——在这个狭窄而相对无关紧要的地带——楼兰时期的罗布湖床，就可以解释上述洼地，这是可能的。斯文·赫定博士在其睿智而详尽论证并坚持的理论中假定了这一点。由于种种原因——古物的和地理的，这个理论的基本观点我不能接受。但是，我必须先暂时搁延综述我自己对罗布淖尔问题的看法，直到1914年和1915年广泛观测和调查的结果完全协调和整理出来。

同时，还有两点应予以注意，它们对这个洼地的解释可能有用。我在通过这个区域的两条路线上，都看到有些地方的雅丹顶上覆盖着死芦苇。在1906年的那条路线上，这种芦苇是在122号营地以北4英里和6英里之间遇到。1914年的旅行中，我在大约同纬度西约3英里遇到过一个类似的死芦苇地带。两个地方的死芦苇残株又浅又密，看起来并不是很古老。芦苇所处的高度很不相同，据相同风蚀沟上大小雅丹高度的测量，高差达8英尺。这表明这些芦苇是长期风蚀后临时被洪水重新淹没时生长出来。这使我想到斯文·赫定博士用等高线标出的上述洼地，底部比1901年春洪期间喀拉库顺的高度平均低1米，可能是一个解释。在特大洪水期，洪水可能从这个或那个方向流入楼兰以南这个较其余雅丹区侵蚀得更深的地区，并足以维持到长出芦苇，但当洪水最后停止，这些新生的芦苇又归于死亡。

要注意的另一点是，我两次经过相当于斯文·赫定博士标为洼地的地带，但没有见到任何一处结有硬盐壳，而这种盐壳正是罗布地区干古湖床底的标志。也没有发现其他盐迹。东面，斯文·赫定博士等高线之外，是广阔的罗布沙漠，1914年和1915年调查时发现，那里覆盖着这种坚硬的、褶皱般的盐壳，因此我有充分的理由相信，楼兰时期库鲁克达里亚三角洲的河水流至其边缘。

12月15日晚，我们第一次体验到了罗布沙漠冰冷的东北风，它与塔克拉玛干的风不同，即使在冬季也长盛不衰，我们在那里的大部分时间里，它就一直强劲地刮着。白天行进中能够清楚看到流沙正坚定地底切着土堤，由此可看出它对雅丹的侵蚀作用。从此向前，沙粒似乎变得略为粗重，风速不能将其吹得很高，因而我早晨离开营地之前，第一次看到了北方遥远的库鲁克塔格山麓小丘红棕色的轮廓。我们朝它前行，一天所见，总的情况与前一天相同。密密麻麻的雅丹一律呈东—北东至西—南西方向，顶部刻画出的犁沟，结构如同雅丹的缩微。没有可以躲避寒风的地方，甚至在下切达12英尺深的沟中也是如此。这使我深切感到这种地形跟风有直接关系，是风创造了这种地形。我特别注意到人们经常选来避风的台地西南端，风的下切力反而更强。那里的雅丹一律渐变成倾斜而狭窄的尾状梢，刺骨的信风从雅丹两侧汇聚起来形成一股涡流，从而产生更加强烈的摩擦作用。

在低沙丘脊附近坚硬的石膏状陡堤上，又遇到了成排的死胡杨和红柳树干。它们的总方向看起来是从西向东，但有迹象表明河床似乎转向东南和东北。已经描述过的那种加工石器和新石器时代的粗陶器越来越多。陶器中有一块粗糙的泥质广口瓶残片，上面阴刻有3组人字形图案。大约从第6英里开始，我发现了制作得好一些的陶片，皆红地黑衣，质地坚硬。它们可能预示着我正走近一处较晚的遗址。然而又走了约3英里，我才惊喜地看到历史时期小塔提的景观。

侵蚀地上撒满了熔渣和陶器碎片。陶片器表或红或黑，纹理精美。托乎提阿洪在这里（距122营地9.5英里），就在我眼前捡到一枚保存良好的大铜印环。印环上平坦的椭圆形沟琢中凹雕有两个长颈翼狮像，一个叠压在另一个上面。从形状和图案看，此环与我清楚记得在尼雅遗址获得的、公元初期的类似物极其吻合。附近发现一枚残破的中国方孔铜钱，无铭文，但无疑属于汉代类型。它确切地表明，陶片标示处是历史时期的一个永久居住遗址。

就在到达那里之前，我们经过了一条高沙丘，上面长着死红柳，就像典型古河床的堤岸，1915年我在库鲁克达里亚上游一些地方经常见到这种情况。这些红柳丘标示出的干河床完全可以识别，宽约150码，岸上生长着成排的胡杨，1914年2月10日我经过那里，向下游行进约4英里，河床转向东—南东。在其附近，我从好几个地方捡到玻璃珠，还有一块精巧的铜饰残片和3枚中国汉代钱币。这些发现又提供了确定的考古证据，证明这条老河道曾流经纪元初期的某种村落。值得注意的是，斯文·赫定博士推测那时的罗布淖尔就位于这一地带，他还推测这里直至北边废弃的楼兰古城都曾有水。

当我们继续前进，走出这个像塔提的地区，刺骨的寒风稍稍减弱，走了约0.5英里，空中飘起了雪花，遮住了远处的景色。积雪只有半英尺深，次日早晨太阳升起以后就消融了，只在雅丹西北坡的飞檐下还有些残余。即便如此，仍给我们节省了两天的冰。当我们走完12英里，见一长列死胡杨，高约10英尺，清楚标示出一条古代水道。从此前行1.5英里，尘埃和一天的疲劳使人畜感到非常难受，我不得不在稀疏的死红柳丘中扎营。这一晚真是苦不堪言，猛烈的东北风差点将我的帐篷吹倒，第二天早上出发时，我们都还感到知觉麻木。这天，我们终于到达楼兰遗址。

我的若羌民工已经十分疲劳，这使我深感忧虑，因为我们要在那天（12月17日）到达东边遗址群，那是打算发掘的主要遗址。我估计它位于我们东北，直线距离大约还有8英里，如果我们平板上的123号营地的位置和斯文·赫定博士地图上标注的遗址的位置是对的。但是，我没能看到他提到的、我希望可以作为我的地标的任何塔。因此，我认为最好继续向我们一直走的正北方前进，希望这样可以在遗址中心附近的某处碰到其延伸很远的遗址线。当在雅丹和低沙丘中走约3.5英里，连续地捡到3枚五铢钱时，我渴望见到遗址的急切心情终于缓解下来。它们确切地表明我们正在接近某个历史时期的遗址。走了约7英里，我们遇到一段广阔而明确的河床，周围长着成排的死胡杨和腐败的红柳丘，呈东西向，略为向东北方向弯曲。木拉凭着他对地形的记忆，立即就认出这就是1901年他见过的古河道，位于他和斯文·赫定博士一起访问过的遗址以南。

走过河岸地带，眼睛掠过宽广平坦的风蚀荒漠，库鲁克塔

图8　楼兰遗址西北3英里处的佛塔遗迹，自南望

格最外围的低山脉尽收眼底。人们现在都踊跃向前，希望能最先看到遗址，以获得我答允的奖赏——银子。从干河床我们只行了1英里，走在前面的一人爬上一条台地状雅丹的顶峰喊道，看到一座炮台。我通过望远镜看到，在东面遥远的地平线上，有一个很小的球形突出物，显然是佛塔。因此我迅速改变前进方向，很高兴地沿着雅丹的山脊前进，5英里的路程不到两小时就走完了。和预期的一样，这是一个佛塔遗址，用土坯建成（图8），正是1901年斯文·赫定博士回来时在其附近第一次扎营的那个佛塔。在其周围我们捡到大量中国五铢钱币和无铭文的钱币，发现的铜箭头和其他金属小物件现在也越来越多。

在那里，我们又见到3个土堆，木拉毫不犹豫地认为，其中位于东南方的最大土堆，就是主废墟群的标志。到那里有3英里远，中间隔着可怕的风蚀地，要直穿连续陡峭的土脊和其间陡切达20多英尺深的深沟。我们才到废佛塔的脚部，夜色便已降临。在这怪异荒凉的宽阔地区，佛塔显得格外突出，自然成为楼兰古城废墟的地标。两小时后，我们疲惫不堪的骆驼队安全到达。坐在我们为骆驼队引路而点燃的篝火旁，艰辛的沙漠旅行带来的疲劳和焦虑被忘得一干二净，心中兴奋不已，为及时安全抵达目的地而欣慰自豪。我也感激斯文·赫定博士绘制的杰出地图，虽然我们的路线不同，也完全没有路标特征，但它仍使我准确到达遗址而没有损失一天时间。后来我们自己用平板仪对这些地区进行测量，所得结果经天文观测和对远在且末西南的山峰进行三角测

量检测之后计算出来，我十分满意地发现，斯文·赫定博士关于
此遗址的位置，与我们所测得的位置相比，径度只差约1.5英里，
天文观测的纬度完全相同。

第二章

楼兰遗址

第一节　发掘废住宅 L.A.I

12月18日早晨，我要做的第一件事就是按预定计划安排运输。主骆驼队已经派出，在托乎提阿洪的带领下前往西北边库鲁克塔格山脚的一眼盐泉。该盐泉是他去年发现的，当时他陪同亨廷顿教授大胆穿过结有盐壳的老罗布湖床前往阿提米什布拉克，他称这眼泉为英布拉克，即新泉。我们进行发掘工作时，骆驼就在那里休整和牧放。后又派了5只骆驼返回我们121号营地的中转库，去取留在那里的供给品，并驮运由备用驴队运到那里的鲜冰。

来到这个未被扰乱的单独遗址，我开始快速调查它的废墟。从扎营处的佛塔高台上四望，眼前的景象真令我感到惊奇，它既令人感到熟悉又令人感到新奇（图9、10）。南面和西南面有小群

图 9　自楼兰遗址佛塔遗迹经风蚀地向东望

图 10　自楼兰遗址佛塔遗迹经风蚀地向东南望

木构和涂以灰泥的房屋废墟。这些废墟的木柱已发白破裂，废墟风蚀台地的陡坡上散落着各种碎片，无不令我回想起仍记忆犹新的尼雅遗址，尽管这里覆盖着的护沙要少得多。

但环境的不同给我留下的印象更深刻。在散落着废墟的尼雅遗址及其寂静的四周，沙丘和沙包连绵起伏，宛若波浪一般，让人联想到广阔的海洋。而这里除无边无际陡峭坚硬的雅丹和冲刷得很深的风蚀沟外，什么也没有。风蚀沟的走向全都相同，是由无情的东北风雕刻出来的。它也像一幅奇妙的海洋画，不过这个"海"是冻硬的、崎岖的和凄凉的。除附近的废墟外，只在北和西北边相当远的地方有几个零散的土墩，它们显然是用土坯砌成，已严重损坏。此外，我功能强大的望远镜再也没有发现任何建筑遗迹。似乎很奇怪，那些仅用木材和枝条建成的建筑，竟然经受住了如此可怕的风蚀作用而幸存下来。但当时我并没有停下来去深究它们仍然保存在佛塔附近的原因。

正像对废墟本身一样，我对这里的工作感到既熟悉又新奇。事先我就知道，这里显露出来的遗迹大概可以追溯到与尼雅遗址相同的时期，即大约公元3世纪。清理废弃建筑物和其中积聚的沙子，以及寻找希望中的废弃物，搜索散落在下面侵蚀斜坡上的碎片等，不仅是我自己，也是拉姆·辛格和我忠诚的总管伊布拉音伯克完全习惯了的工作。我感到工作中还是有一些新意，这个遗址已经被一个更早的欧洲探险家至少是部分地搜索过，但我们仍按惯例进行了操作。斯文·赫定博士关于他1899—1901年旅行的著名游记中，有几章专门写到古罗布淖尔废墟和楼兰，特别是其中精美的插图，使我熟悉了这些废墟总的特征。这些废墟是他首次从阿提米什布拉克横穿罗布沙漠时，于1900年3月偶然发现的。从中我也熟悉了他第二次对这些废墟做专访时，于1901年3月揭露的遗迹。这次访问使他获得了重要发现，虽然它们还没有得到完全、专门的分析，但它们给予的古物证明在许多方面是确定无疑的。显然，斯文·赫定博士并未对遗址进行彻底调查，甚或是对遗址的某一部分进行彻底调查。第二次探访时他总共在这里只待了六天，因此实际上他只在东组废墟群发掘了3处，在西组废墟群发掘了第四处。除他自己外，他只有五个民工。整个队伍中没有一个是有经验或经过特别训练的，而搜寻到的废墟数量多、分布范围广。因此，对遗址做一系统的考古调查显然很有必要。但还能有多少新的发现，仍然是个问题。

我第一次快速调查东组废墟群（后来命名为 L.A）时升起的希望，12月18—23日便得到了回报。这几天我们一起在那里不停地工作。对它们的描述，我打算按发现的先后顺序进行，并加带我对它们所代表的古代中国要塞一般性质的调查。斯文·赫定博士对大多数建筑物已经调查过。有许多建筑物是他的民工找到的，或在他的组织下找到。

斯文·赫定博士在其科学报告的中，描述了他见到楼兰废屋时的情形，他对它们进行了测量，拍摄了许多有益的照片。但由于其调查和发掘时，受到时间和劳力的限制，以及其他明确的缺陷，我认为没有必要讨论他观察的细节，但我探访时已不再存在的部分除外。我也没有感到有义务去检查他大量的推论，除非它们可能具有特别的古物或地理学意义，并能得到审慎的、可容许的考古论据的支持。我认为不可能详细比较或利用斯文·赫定博士从遗址带回的写卷（即简牍和纸文书——译者）或其他有古物学价值的发现，因为他的巨著中写有专章述及。其中已故的康拉迪教授和赫尔·希姆利给出了他们有关这些资料的测验结果，但至今还未出版。关于这些资料，我的消息限于后一位学者1902年出版的简报，而与该遗址后来出土的大量新资料对比，这些毕竟太简单太仓促，不能在这里用来进行详细分析。

我们的发掘工作从废墟 L.A.I 开始，它离佛塔最近，发掘结果从一开始就充满了希望。佛塔自风蚀地面突起的台地，边缘土堤陡峭，顶部显然有房子遗迹，曾建造得很好，而且很大。如图10、11所示，巨大的木料残件散落在台地的斜坡上，特别是在东面和南面，它们标明了房屋的位置。由于地基泥土的侵蚀，现在房屋完全消失了。南面紧邻该地区的最深处，低于仍然位于原地的基梁（指地袱——译者）所示的原地表足有18英尺。其他的这种基梁坍落在斜坡上（图11）。与此遗址所有其他废墟一样，这里的这些基梁和所有立柱等，构成墙壁的木骨架，它们一律是野杨木。废墟 L.A.I 的基梁异常结实，厚度将近1英尺，其下铺有一层红柳枝。后来在 L.A.II 的墙下和两座佛塔废墟下面也发现这样的东西，它们被用作地板材料。墙的构造特征与在尼雅和喀达里

图 11　楼兰遗址的 L.A.I 古代居住遗迹及佛塔

克遗址中发现的极其相似。基梁的插槽中立着成排的方立柱（图
10），较粗者用来支持顶梁，其间用较小的立柱规则地间隔。立柱
间用横置的芦苇束加固，形成墙的枝条构架，外面涂泥膏。这间
房子的墙壁与 L.A 其他大多数建筑一样，谨慎地考虑到了盛行风
的方向，矩形的一条边总是面向东—北东。

　　从规模判断，该废墟可能是一位官员或有一定地位的人的住
宅。房屋长 31 英尺，宽 13 英尺。邻房虽然大部分已被毁坏，但仍
保留有一个相当宽的平台。现存房屋中虽然覆盖的流沙没有一处

超过2英尺深，而且大部分地方甚至不到2英尺，但足以保护大量重要文物，这些文物立即为前述推测提供了支持。3块窄木片，宽约0.5英寸，每块木片的正面和背面都写有一竖行汉字，我立即认出其形状与文字，与我1901年在尼雅遗址最先发掘到的古代中国官方木简完全相同。它们内容的官方性质现被沙畹先生的翻译所证实，有一枚木简署明日期为公元330年。此日期可以假定为就在遗址的最后废弃之前。因此L.A.I很有可能一直被某官员居住到结束。

该废墟和我熟悉的尼雅遗址古住宅在样式和内部布局上极其相似，这使我感到有点惊奇。但比起我发现两枚长方形木简时的惊奇来就大不一样了。这两枚木简都有4或5行模糊但仍易读的佉卢文笔迹。这是迄今为止我最感满意的发现，证明了这种古代印度文字和语言的使用向东延伸到遥远的塔里木盆地的东端。在东北边一个侵蚀房间坍塌木块下的各种垃圾中，又发现了3枚佉卢文木简，每一枚都有其自身的特点。其一，是一枚规则的楔形盖简，上面有封泥槽，准确地重现出楔形木双简的形状与设计，我在尼雅遗址的发现已经证明这种木简似乎是用作半官方信件。因此，这种古信件复杂的本地体系，在塔里木盆地这个遥远的角落与在和田地区是完全相同的。虽然它的正面被磨损，不再有写明地址的字迹（肯定曾经包含有可读的地址），但是毫无疑问，它表明了该地属典型的本地官员管理，而不是中国官员的管理。

另一件文书是一块粗糙的红柳木，背面尚带有树皮，平面上题写两行佉卢文。与尼雅遗址中加工整洁平滑的木简相比，其材料粗糙。这个观察使我立即注意到，这种古信在制作上存在着本质的差别。在更仔细地考证另一枚佉卢文木简（后来在该遗址发现了更多这样的木简）时，我发现它们粗糙和爆裂的表面，并不像是由于长期的暴晒和腐蚀的结果，而是因为它们是用胡杨或野杨木做成的，这种木质纤维本身就粗糙一些，而尼雅遗址的佉卢文木简一律用白杨或人工栽植的杨树做成。在这个遗址的古代凉亭或果园中，几乎完全没有死树干，它表明了当地耕作资源相当有限。

在同样撒满垃圾的斜坡上也发现3页纸片，属于同一文书上面写有佉卢文字，字迹模糊散乱。其本身的意义在于它是我发现的第一个证据，证明当塔里木盆地还在通行佉卢文字和婆罗米文字时已经使用纸。从风蚀斜坡上的垃圾堆中捡到许多汉文纸文书残片。这些发现也肯定了在此地区和此时代纸和木被同时用来记录汉文档案。后一组文书发现时黏合在一起，大致作半圆形小包状，包的一边敷有浅色灰泥。沙畹先生的译解表明这些废纸片包含一部分私人信件，其中有些具有一定的历史价值。它们是被用作描画装饰的底子，还是像沙畹先生认为的那样是用来填塞墙中的口子，不能确定。这个废墟的佉卢文文书几乎与汉文文书一样多。这似乎表明，住宅 L.A.I 可能是楼兰当地一个小酋长或本地管理代表的住所。

除这些文书外，在探测到的第一个废墟中还搜索到其他重要文物。在房间的一角发现了两块毛绒片，它们都属于同一条绒毯

（图12）。绒毯大部分地方都很旧，个别地方却仍保持明亮浓厚的深紫红色、两处褐色、暗黄色和淡蓝色等色彩。这条绒毯是我迄今为止成功发现的、证明和田地区从很早时期起就有工业的第一件古代标本，并在那里保存至今。

早期中国史料已经完全证明罗布地区有丰富的羊毛，因为牧民很容易在塔里木河岸丛林和若羌山上继续生存，今天仍然如此。另一方面，在该遗址其他废墟垃圾中还发现大量小片丝绸残片，色彩富丽，都是从中国内地贸易到这里的衣服的碎片。我知道古代中国与中亚及更远地方的丝绸贸易，一定沿这个废弃的拓居地所标示的特别路线进行了数世纪。我也知道建立这个拓居地本来就是为了维护丝绸贸易的顺利进行。然而当这些早期贸易的文物那天从此废墟附近显露出来时，我开始简直不敢相信，我竟发现

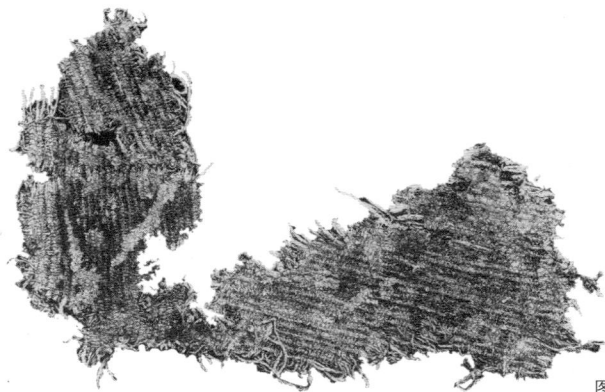

图 12　织物残片

图 13　丝绸捆

了如此惊人而有益的文物。

　　北—北西面，L.A.I 所在台地与佛塔基座以南的大片地区相连。佛塔基座虽然受到风蚀，但在有木料和看起来像是芦苇柴捆的地面的保护下，仍然保持它原来的高度。这层芦苇很可能是墙基，墙体已经消失。在清理地面上的一层薄流沙时，从原地上发现了一小捆黄色丝绸(图13)。它们紧紧地卷着，显然未被使用过，干而脆，第一次拿起时即碎成两截。其实际宽度为18.75英寸，直径为2.5英寸。坐落于此的建筑被废弃时，这些丝绸是如何被留下的，或是怎样逃脱了后人的搜索而不被发现，去推测这些事情是没有意义的。该废墟废弃以后，似乎曾有人搜索过，可能是为了寻找有价值或实用的物品。但我立即认识到，这个发现使我第一次看到了过去从中国销往古典西方的最著名的丝绸产品实际样式。

　　后来的一系列发现消除了所有疑点，这一小捆丝卷的宽度，是纪元前后中国最重要出口品所采用的标准宽度。关于这一点，其中两条未染的丝绸提供了决定性证据。它们是我大约四个月后在敦煌以西古代中国边境一座废弃的烽燧中发现的。这两条丝绸中，一条印记完整，表明这条丝绸宽50厘米。另一条长30.5厘米，不完整，有一行汉语题字，精确指出这条丝绸的产地、尺寸、重量和价钱："任城国亢父丝一卷，宽2尺2寸，长40尺，重25两，值618钱。"提到的任城国，建于公元84年，位于山东，是汉代的主要丝绸产地之一，这证明此丝绸生产年代在公元1世纪末或2世纪初。

所载丝卷的宽度2尺2寸，使我们能够根据其实际情况确立汉代时期丝绸的标准宽度。我沿敦煌以西发掘时获得两把木尺，它们精确地表明了当时中国的寸值（10进位）。1尺被分成10寸，每寸相当于0.9英寸，或22.9毫米。两把尺子均在烽燧里发现，在那里发现的纪年文书证明烽燧的年代在公元1—2世纪。如果接受东汉时期的1寸为22.9毫米，就会得出22寸等于50.38厘米（或19.80英寸）。

因此，我们也证明了东汉时期丝绸的标准宽度，到晋代时没有发生任何改变，因为黄色丝绸卷肯定属于晋代[1]。

在发现上述织物遗迹的外面的散木头中发现一堆垃圾，其中有许多家用的小物件。这里我只简单提一下其中的一把木匙、一双筷子、一只残漆碗。此外有一根雕刻得非常仔细的小棒，一端有横档（图14，左一），与今天中国新疆的去鲁克极为相似，是用

---

1 从晋代到公元10世纪，丝绸的标准宽度有时被扩大，在千佛洞石窟中发现的丝画证明了这一点。

图 14　木器

来将小羊捆绑到绳子上的东西。这种东西在古代流传很广，因为在其他早期遗址也发现了这样的标本（图14，左二）。性质更使人迷惑的，是大量小而薄的尖头"标签"（图14，右一、右二）。方头钻有二孔，边缘下凹，可能用于穿线，做成胄甲的鳞片。这些木片长约3英寸，样式与在尼雅遗址发现的硬皮鳞片多少有些相似。但要确定现在这个解释显然还有技术上的困难需要解决。值得注意的可能还有两块陶片，外表面有釉，是两种不同的绿色。这些陶片因为插在垃圾中才得以保存下来。这种釉陶片在遗址的其他地方很罕见，是因为那里的所有陶片都被风吹动流沙而毫无保护地暴露于地面。一块陶片釉呈叶绿色，有冰裂纹，表明是中国汉代物品。另一块陶片饰有阴刻图案，釉为深绿色，可能受到西方的影响。

在仔细搜寻 L.A.I 覆盖着碎块的斜坡时，还发现了7枚中国铜钱，大多是残片。它们都是五铢钱，最早传入年代可能在光武帝年间，即公元26—57年。

第二节　调查废住宅 L.A.II~L.A.VI

调查完佛塔南面那处孤立的住宅之后，我让民工们来到西南大建筑群。它们位于一个台地上，台地最宽处约200码，离我后来调查证明是遗址中心的地方不远。四周是风蚀洼地，深12英尺或更深。由于上面许多废弃的建筑物对 L.A.II~L.A.VI 的保护，才使这个地方没有被破坏成雅丹。主建筑物 L.A.II 似乎原来有用土坯建成的牢固的方形围墙。此建筑物中，3个狭窄房间的厚墙仍保持着相当高度，如图15所示。在这里，我很容易地找到了斯文·赫定博士偶然发现汉文木简和纸文书的地点。最东边的房间地面上覆盖着层层垃圾，斯文·赫定博士从垃圾中发现了42块窄木片，还发现了约200片写有字的纸，大部分被撕成了碎片。

第一次快速调查时我就发现，原来掩蔽得如此好的这个垃圾堆中的东西并未完全拣尽。尽管斯文·赫定博士说："畜栏里有用的东西被筛得最后只剩下谷粒，一直到下面的硬地面为止，事实上我们已清理了内部的一切。"我还是在这里做了一番彻底搜寻，找到了大量写有字的纸片和木片。其中许多（包括一枚楔形佉卢文底简）是在深约2英尺的垃圾中发现的，斯文·赫定博士的人将它们挖出来，但并没有将其从这个小房间中带走。但在南面侵蚀坡上的垃圾中发现了更多写有字的纸片和木片，在那里还发现了两包汉文木简。翘曲的薄木片占大多数，显然是用规则的汉文木简修整而成，以便再利用。这种古老木简材料的重新利用是很经济的。这些木片的制作材料似乎一般是柔韧平滑的木头，通常是某种针叶树，这种树在当地不能获得，这很好地解释了上述做法。

值得注意的是，这里发现的汉文文书中，有一封完整的写在纸上的书信，保持着原来的形状，卷成小卷，好像准备寄出。还有沙畹先生出版的文书中，署有年代的文书全都属于公元265—274年。就目前所知斯文·赫定博士发现的文书中，年代都在公元264—270年之间，只有一件例外。似乎可以可靠地推断，这个小房间就是在那个时期或稍后被填满了垃圾和"废纸"。

这里发现的文书和我在邻近的大垃圾层中清理出来的文书普遍带有官方性质。因而可以肯定，我标为 L.A.II、III 的这组废住宅是在这个要塞建立的中国行政总部的所在地。其规模和总体布局使我回想起统治这块"新领土"及其以东地区的今天中国官员所居住和接待这些官员及其家属与随从、下属，以及作为金库和行政仓库的衙门。相似之处如此明显，以至于我的若羌民工迅速而自然地就将 L.A.II 称作"古城衙门"。

废墟最醒目的部分是用大土坯砌成的宽大的 T 形墙，L.A.II

所有可找到的房间似乎都依其而建。它东—北东至西—南西方向长约150英尺，与其垂直的墙壁向东边延伸仍达105英尺。与此遗址中所有土坯建筑物的情况一样，下面垫有一层红柳枝构成地基。T形墙的前部（即竖墙），它的方向与盛行风向完全一致，这足以说明它为何没有被完全侵蚀掉。另一条墙形成T形的顶墙（即横墙），与盛行风向正好相对，被侵蚀得更加严重，几乎完全消失，只在两侧风蚀坡上剩下粗重的木头。这堵横墙原来可能还要向北—北西延伸得远一些，这似乎是可能的。正是曾经紧靠此墙而建的建筑物提供了强大的抵抗力，才保护了遗迹免受更强烈的侵蚀，这也是可能的。在此横墙的南—南东端，以及在L.A.III以南的相应位置（图16），侵蚀坡上散落的木头特别粗大，说明两头的建筑可能是衙门主院两侧的厢房。但这毕竟只是推测。

前面已经提及的3间狭窄的套房（图15），由从L.A.II的主墙伸出约18英尺的横墙构成。套房的南端已残，因而这些窄房的精确长度已不能确定。如图17所示，横墙尚存，最高达10英尺，厚度3～4英尺。这些小房间最古怪的特征就是都很狭窄，与墙的厚度特别不成比例。最东北的II.ii宽仅4英尺。其余两个为iii和iv，分别为9英尺6英寸和4英尺。由于没有特别的发现（3个房间中都没有任何发现），因此似乎难以猜测它们原来的建筑目的。但似乎也不像是用来居住的。考虑到墙壁不平常的厚度，我想它们也许是作为储藏室或牢房。对于一个要塞上的古代中国衙门而言，二者显然都很需要，就像类似的现代建筑物中的一样。

图 15 楼兰 L.A.II 遗址的西南面，自东南望

标作 L.A.III（图 16）的建筑遗迹前面已经说明好像是衙门的西南厢房。大房间长 35 英尺，宽 28 英尺，木头和水平苇栅构成的墙壁只在两侧可清楚看到，其余被严重地侵蚀掉了。但是有一些柱子还直立着，其中两根肯定曾托着支撑屋顶的横梁，尚有 13 英尺高。此房间是斯文·赫定博士找到的，他在房内或附近发现过一只保存很好的大陶罐，一个装饰木雕和他认为是两轮马车上的

图 16 楼兰 L.A.III 遗址，楼兰古城，自东北望

实心木车轮的东西。在留下的建筑木雕中，图 17 显示有圆形的木柱础，上有插槽，上面曾立有柱子。一根破裂得很厉害的双悬臂，上面肯定支有一根屋梁，从悬臂上还可能伸出两个涡形纹样；两根旋制的支柱刻有精细的装饰线条。所有这些木头都是胡杨。

在仔细清理几乎被完全侵蚀了的小房间 ii 时，我们找到两枚汉文木简，当搜索到西南相邻地面（最初我假定是此建筑的另一

图 17　楼兰 L.A.III 遗址出土的木雕残片

部分）时，突然发现了大量汉文文书和各种小文物。这样，在这里发现了约37枚写有汉字的木简，还有两枚佉卢文木简小残片。在各种小器物中，有一支青铜箭头，一只刷上红、黑漆的残木碗，一支可能用来写字的尖笔和一小块陶盘片，饰有淡淡绿色光泽的泥釉，类似中国汉代物品。

　　12月19日，清理完我们称之为"衙门"的最后一个房间，我转到西南约100码的较大住宅 L.A.IV，它由许多房间组成。房间尺寸不等，最大有21英尺见方；房间以木头与竖置的红柳枝为墙。此外，在中部有一组建造得较牢固的房间，夯筑或用木头和灰泥筑就。房中填满了高达三四英尺的沙子。房间 i 内部尺寸长约13英尺，宽12英尺，夯土墙厚约3英尺，沿三面墙建低土台，靠第四面墙建一座土壁炉。内部布置与我在尼雅遗址和在和田其他地方发掘过的许多古代住宅中发现的完全相似。邻房 ii 有点像小过厅，门旁尚保存有木框，此门通往中厅。在这里发现3枚矩形佉卢文双简。考虑到它们都位于3英尺高的沙上，而且几乎是在地表之上，其保存状况异常完好。这部分是由于开始两件文书是用碎布包起来的，其中有结实的棉织物，其布料和密度都值得注意，原来可能是用作甲胄内的衬布。这些佉卢文木简显然是从墙或门上方的某个容器中掉落下来的。

中厅长28英尺，宽21英尺，从规格和总的布置看，明显与现在新疆仍然流行的阿依旺式建筑相似。中心柱上仍安放着平坦、宽大的托架，托架上托着屋梁。东角用一种扶手隔出一块空地，意图不明。大房约22英尺见方，与东南墙相接，与其余房间不直接相连。从这个位置来看，也许可以假定相当于现在塔里木盆地绿洲富裕人家住宅中常见的米合曼哈那（即客厅）。在客厅和中厅另一边的小室中都没有发现任何东西。它们的墙壁用成捆的红柳枝竖成框，然后用同样的材料水平连接到柱框上。红柳框有两三英寸宽的空间，用竖芦苇捆填封。墙的外表面原来涂有泥，墙总厚约8英寸。这些墙对风蚀的抵御作用较强，尽管它们的构造十分简单。原因无疑是这种墙由于其紧密的组合和柔韧的柴捆，比固体土坯或优质编栅墙受风动流沙侵蚀作用的范围更小，事实上还能拦截流沙保护自己。

从住宅旁堆积的两小堆垃圾中又出土了一些器物。从中厅西门附近的垃圾堆中发现了一枚矩形佉卢文底简残片和一件完整的汉文纸文书，记录的是某位胡人奉献的各种丝绸贡物。另一个小垃圾堆在东北面，在那里发现了部分发白的楔形佉卢文底简和织得很好的毛布片。

在此住宅西北角室以北约12码的一个被严重侵蚀的小台地上，散布着一堆木头，在这堆木头中发现了更丰富的文书。作为最后的遗迹，这堆木头所代表的小建筑原来的尺寸或形状已不能弄清。这里紧靠地面的流沙被刮走后，发现了11枚佉卢文木简，其中6枚长方形简、4枚楔形简、1枚矩形盖简。由于这些木简所处的位置长期暴露在外，几乎所有木简的表面都发白并已破裂。但是大部分木简上的佉卢文字还能看出一部分，而且有几枚木简上还残留有清楚的书写的黑色字行。我当场就考证出长方形简上书写的文字包含有账目或公事备忘录。其中我认为我辨认出了一份像是印度人名的名单，全都是所有格形式。

这次发现的佉卢文文书，加上在室 ii 和此住宅外发现的佉卢文文书，足以使我当时就相信，该废墟不是中国官员的住处，而是本地官员的住宅。这说明，中国很有可能在这里进行治时时，

图 18　木取火板

并未干扰当地统治者手中的权力，让他们继续行使管理职能。

除这些佉卢文木简外，从 L.A.IV.v 还出土了大量织物碎片，包括制作精美的小块地毯，它破裂成几块碎片，织着精美的彩色图案。这里还发现一根有趣的木棒，好像是一副驮畜的鞍具，但其确切用途还不确定。

接下来清理的废墟是位于 L.A.III 以北约 20 码的小住宅 L.A.V。房屋用木头和水平的芦苇栅建成，侵蚀严重，地面上覆沙深 2 英尺或不到 2 英尺。所以在最南室 i 发现的 3 枚佉卢文木简均表面发白、字迹漫漶就不奇怪了。然而在这里发现的一枚小木印上，突起的汉字保存得非常完好，写着其原户主的名址。发现于此的汉文木简，上面的文字也保存良好。从邻院薄薄的一层垃圾中，除一枚汉文木简和两枚佉卢文木简外，还发现了一块保存极好的木取火板（图 18）。

取火板沿一侧有四个烧焦的凹坑或火床，有些部分下陷至木板厚度的中间，与木边以浅凹槽相连，火花通过凹槽能够点着火绒。取火板有一个中心孔，孔中穿一条白皮带，皮带上系着一根非常硬的小木钉。木钉的一头削尖，另一头呈圆锥形，正与凹坑相合。圆锥头有火烧的痕迹，显然曾在凹坑中旋过。如乔伊斯先生在他注解此板和我收集的其他取火棒时指出的，这根木钉可能是用一根旧"雄"取火棒削成，然后用白皮带系到此"雌"取火板上，以使取火板便于固定在墙上。我曾在别的地方提到过，这个取火板和从敦煌边境到法哈特伯克亚依拉克其他遗址发现的类似物品证明，这种原始的取火技术在纪元初期曾流行于中国西部地区。

就在 L.A.V 西南面，能找到一道用红柳枝做成的篱笆，围成矩形围墙，长约40英尺。其外面有几个小围栏，可能是用来关马或牛的。在稍正式一些的住宅 L.A.VI 附近有一道篱笆墙。小室 i 的中心地面被风吹净，但四角尚有很薄的沙，西南角残存有一枚单独的矩形盖筒，已经发白并破裂。墙上的泥灰已完全消失，木框几乎不存。

第三节　古代垃圾堆 L.A.VI.ii 中的发现物

比最后描述的小住宅重要得多的是我在大垃圾堆 L.A.VI.ii 中碰到的宝库，它从 L.A.VI 向东一直延伸到衙门的最西面，与以前调查过的 L.A.III.i 连成一片。长100英尺余，宽约50英尺。图19

图 19　楼兰古代垃圾堆 L.A.Ⅵ.ii，发掘中

反映的是它的清理过程。南边高四五英尺，向北逐渐降低，是一堆垃圾，主要由芦草和畜棚废物组成，包括大量马、驴和骆驼，以及少量绵羊的粪便。刚一开始发掘这个散发着刺鼻异味的粪场，就从南边得到了汉文木简和纸文书，以及其他小文物，数量越来越多。大部分是从距地面两三英尺高的垃圾层中发现的，接近于现地面。这些物品显然是从附近的房间和公事房清扫出来，然后

扔在先前堆积的垃圾上。这堆垃圾中出土的这些相对罕见的文书是否意味着这样一个时期，即那时此废弃的要塞已用作古贸易之路上的歇脚地，但有一段时间却又变成了非常正式的活动场所？我们现在关于该地区当地历史的知识太不完整，不能作出任何肯定的回答。但当然很奇怪，从这堆垃圾中出土的纪年木简的年代限于很窄的范围之内，即公元264—270年，两片残纸文书的年代是公元312年。

对这堆垃圾的仔细清理足足花了我们两天时间。臭味依然刺鼻，冰冷的东北风不断将夹带着氨水味的细沙粒吹进眼和咽喉中，弄得我们苦不堪言。我们不可能将全部垃圾移走，只得在原地将它们翻了个遍。经过这番工作，垃圾堆自然松散开来。1914年2月我第二次访问这里时，发现垃圾实际上并没减少，表面也没有受到扰乱，尽管七年间风沙依旧从它上面吹过。这对我特别重要。这说明了这种垃圾抵御风沙的能力，特别当含有很厚的杂草时，它们很好地保护了我调查过的如此多的古代遗址中的重要古文物。

这个垃圾堆很大，清理出的文物也很多。其中最多的就是汉文木简和纸文书。汉文木简约有170枚，其中约50枚无法判读或是一些小碎片。它们大多数写在标准尺寸和形状的木条上，相当一部分有破裂的痕迹，可能是当"废纸"撕坏的，有的在当作点火的木片时烧坏了一头。

具有特别古物意义的木文书是保存完好的矩形简，它是写给"西域长史张先生"的，下面是寄信人的名字，上面是收信人的名字。从木简正面的题字和背面的凹缘看，它曾是一个小盒的盖子，盒子中曾装有一封官方书信。正面中心有一个凹槽，现在是空的，用来放封泥；还有3条横线槽，与佉卢文矩形木文书的盖简极为相像。另一枚类似的小木简有两条线槽，封泥凹穴中还填着泥封，但印迹已不可辨认。正面上写着小盒的内容是一个叫赵阿春的人写的私信。这枚小木简肯定曾是那个小盒的盖子。还有两枚形状很相像的题字小木简是一个信盒的盖和底，题字潦草，不能辨读。

除汉文木简外，还出土了将近60张纸文书，其中19张大而清晰的已记录在沙畹先生出版的书中。大部分纸片不能使用，可能是被当作真正的"废纸"而被撕碎和毁坏的。纸材无疑是从中国内地带过来的，因此这可以解释为什么在尼雅遗址，大约是相同时期废弃的住宅和垃圾堆中没有哪怕是最小的纸片。尼雅遗址在西边如此之远，且不在主要贸易道上。甚至在楼兰遗址，从有数片纸的背面写有不同手笔的字迹和至少有一张属官方性质看，对这种相当罕见的纸也许可以得出某些推论。

与汉文文书的丰富形成鲜明对照，从这堆普通垃圾中出土的佉卢文文书数量不多。这种不均衡我认为与以L.A废墟为代表的要塞显然的中国性质很一致，也和它所从事交通和管理活动的中国性质十分一致。除4枚佉卢文木简残片和3张写有佉卢文字的撕碎的小纸片外，还发现一张几乎是完整的大纸文书（图20，上），其形状、书写格式与从尼雅遗址的垃圾堆N.XV中发现的佉卢文文书极为相似。令人惊奇的是发现了一条精美的素绢（图20，下），上面写着两行佉卢文。它是第一个关于中国古代文物传统的实物证明：丝绸是大约公元105年纸张发明以前使用的一种古代书写材料。这种材料就像佉卢文纸文书的材料一样，来自中国内地。因此很值得注意的是，我后来发现的其他丝绸文书，其中两件分别是佉卢文和婆罗米文，来自古代中国丝绸贸易所经敦煌以西沙漠的那条特别的道路沿线上的烽燧遗址。残文书具有一定的意义，因为在这张被撕碎的纸片上，一边有写于敦煌的汉文书信，另一边写着3行佉卢文。

　　这些大量写卷证实或扩展了我以前获得的考古知识。正当我为之高兴时，一张被撕碎的小纸片（图21）引起了我更大的兴趣，它提出了一个新的问题。它只有4.5英寸长，最宽2英寸，上面保留着4行字的一小部分。这是一种真正的"未知"文字，从右往左写，有些字明显使人想起阿拉米语。尽管从如此微小的纸片上不可能弄出什么译文来，但这并不妨碍我本能地将此明显西方式的文字与古粟特（粟特——译者）人，甚或更远的伊朗人联系起来，他们可能沿着这条早期大道来到纺织丝绸的丝国赛里斯。我没能预见4个月后在这条古代沙漠道路东边的一座烽燧遗址又幸运地发现了大量用同一种文字书写的完整文书。更不用说我没能想到已故伊朗学者罗伯特·高索特先生具有的文献学方面的洞察力，他后来释读的一部分证明是早期粟特文字和语言。

　　垃圾层中混合着大量用旧的衣物、家具和各种器具残块，使所有这些各种各样的文书在被从邻房和公事房扫进垃圾堆时变得

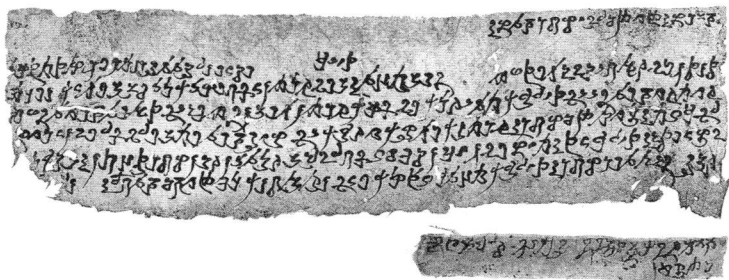

图 20　纸文书和绢写卷残片

图 21　早期粟特文纸写卷残片

很平常。在这一庄严的中国要塞，也许比其他任何事都生动，它们使我深刻认识到琐碎的真实的生活。但这里只要简述一下比较有意思的东西就够了。

L.A.Ⅵ.ii 中发现的全部标本的特殊价值在于，由于与文书同处一层，年代范围相对简单，它们可以被精确地确定年代。这一事实的重要性，对陶器和小金属器这种遗物尤为明显。由于质地坚硬，陶器和小金属器也能从风蚀地表大量捡到，但这样发现的器物必然缺乏确定年代的依据。因此，当在 L.A.Ⅵ.ii 中发现它们与可精确确定年代的文书一同出现的，像那些有简单纹饰的陶片（图22），除其原有的意义外，又获得了一种考古学价值。那种黑或深灰色胎、表面饰以密集平行棱纹（即席纹）的硬陶片（图22），与敦煌以西和以北古代边境线上的汉代烽燧遗址中常见的陶器类型极为相似，它们可能是从那里带来的。在小铜器中，特别提一下一个狮头（图23，右上）和模铸透雕饰件残块（图23，左下）。此外，还有一种很常见的铜环和带扣也很重要，它们原来可能是甲胄上的部件，叠置在铁环上。

在木器中，一件家具的器腿、匙（图24），刮刀和印盒，与尼雅遗址发现的很相似，可以单独挑出来叙述。漆器是一块残片，是一件容器口沿，内面涂成深红色，无疑来自中国内地。同样很破旧的线鞋，很可能是从敦煌经过长途跋涉，穿过沙漠来到这里，最后安息于这个垃圾堆。因为它的制法与敦煌边境上的烽燧遗址发现的，似乎是中国汉代士兵常穿的鞋袜，并大量抛弃的麻线鞋

图 22　陶片

图 23　铜雕

图 25　织物残片

图 24　木器腿和木匙

完全相同。但我必须指出，我在丹丹乌里克的一处废住宅发现了一只同类型的鞋，既然这样，此年代和地点使得认为它源于当地可能性更大。我们可以可靠地认出皮鞋是当地物品。最后一件标本是紫色的皮靴，很值得注意，因为在塔里木盆地的大部分绿洲中，这仍然是现代恰鲁克或靴子上所喜爱用的色彩。

在大量织物中，以各色羊毛和丝绸最多，但麻和毡也有出现。小片织有人物的丝绸，图案富丽，织造细致。另一块重要织物是保存完好的绒面毛毯片（图25），织法特别细腻，技法类似于现代日本的小地毯。楼兰地区一种罕见的材料是精心织就的马毛纱。垃圾堆中还有大量鱼骨、羊骨、驴骨和骆驼骨。苇草团中没有麦和其他谷类植物的秸秆，这说明为人类提供食品和为动物提供草料的垦殖区与此距离遥远。但后来发现了粟粒，在仔细检查墙上的抹泥时，还发现其中有麦草。

由于大量纪年汉语文书的发现，如上所述，我们能够把建筑物 L.A.III、V 和 VI 之间积聚的垃圾堆大体上归于公元3世纪下半叶和4世纪初期，因此它具有了特别的意义。L.A.V 和 L.A.VI 中发现的19枚中国铜钱中，有7枚五铢钱或这种钱的残片，一枚货泉钱，还有11枚剪轮钱（图26）。完整的五铢钱和这些通常被剪得很小的钱币所发现数量之比，实质上没有改变。如果我们将从 L.A.III 和 L.A.IV 发现的钱币也包括进来，总钱数分别增加到12枚和19枚。这里我们有清楚的考古证据，证明这种剪轮钱在公元3世纪后半叶已经广泛流通。同时并证明把在中国古币学中形象地

图 26　早期古钱币

称作"鹅眼"的这些薄钱币的传入，归到公元465年废帝的短命统治和他的宋代继承者这个观点是个误导。似乎有足够理由相信，中国钱币学家也认识到这些剪轮钱至少追溯到东汉的最后一个皇帝献帝年间，即公元189—220年。事实上，常量降低是这种准附属货币之源，其过程似乎在更早以前就开始了。

第四节　围墙遗迹

12月22日，这个要塞的其他建筑遗迹的清理很容易。遗憾的是它们没什么东西。由于风蚀的严重破坏，好几个地方，例如L.A.VI北和西北什么都没有，只在雅丹光秃秃的斜坡上散落着大块木头，表明曾有重要住宅。衙门南约100码的一组小住房L.A.VII还残留有墙壁，用竖红柳条和灯芯草筑成，高两三英尺。墙与相邻篱笆之间的原始地面上积聚了一层很薄的流沙。篱笆用料与墙相同，质地柔韧，经受住了风蚀。这里除一些小金属块，包括保存良好的耳环和一个可能曾用来贮藏粮食的空胡杨木箱外，还发现唯——枚长方形佉卢文木简。在一个约比相邻风蚀洼地高26英尺的台地上有一处几乎完全被毁坏的建筑物，只出土了3枚五铢钱、一把木梳、几根漆木和几块金属片。

废墟L.A.IX（图27）距佛塔约40码，反映了自然因素对这里的影响。如图9所示，孤零零的台地北坡上有粗大的基柱，说明这里曾建有重要住宅，但只剩下了很小的木头和编条墙遗迹，从中可看出有四个房间。如果没有枯死已久的红柳缠结体的保护，连这些可能也在无休无止的风蚀作用下消失得无影无踪。这种红柳缠结体在图27中可以清晰看到。这些红柳是在遗址被废弃后且水尚能到达废墟附近时生长起来的。

如图27所示，台地脚下侵蚀得很深的地上有一些小红柳丛也是枯死的，但看起来比较新，说明遗址废弃很久以后有水又临时流到遗址。这一时期长出的红柳在L.A.I附近和L.A.II南面的风蚀洼地也有发现。一定有水临时流到这些废墟附近并保持了很长时间，从而形成了这种红柳丘。事实上我在L.A.II附近看到，这种小丘中的部分红柳丛还活着。

图 27　楼兰遗址 L.A.IX 古代佛塔及居住遗迹，自南望

值得注意的是，这处废墟仅存一小部分，其四面墙壁中有一面墙由斜纹红柳编结而成，就像尼雅遗址大多数建筑得比较好的住宅中所见。另一面墙用横置芦苇束构成，其余则以竖置的红柳条做成。这表明该遗址同时使用了三种构墙方法。涂上灰泥时墙厚平均6~8英寸。房间的西南角有一层弃物，从中发现一枚大型长方形木简，两面都书写有佉卢文，显然是账单。L.A.VIII 和 IX 之间和附近的风蚀地上钱币、石、金属及玻璃器物特别多。这种情况可能是由于要塞东北门的入口通过这里。这些发现物中值得一提的是褐煤印（图28）、铁箭头及大量玻璃与石珠。

　　清理废墟 L.A.II、III 时，我注意到废墟南面风蚀地上有一条奇怪的直线隆起，看起来像一个狭长台地。检查台地顶部时我立即意识到，相当平坦的台地上残存着侵蚀十分严重的土墙遗迹。土墙夯筑，间以红柳枝层。最厚约5英尺，某些位置尚高达4.5英尺。土墙断断续续地延伸着，能明确找到约260英尺长，其方向与盛行风向相同。另一处墙的遗迹长约50英尺，仅见于 L.A.VII 以南处，完全坍塌，正在上一道土墙的延续线上。这些罕见的遗迹原是一道围起来的墙（我认为它们无疑如此），位于一处狭窄的台地上，上面散布着异常多的陶片，从而有助于抵御风蚀。紧靠主墙遗迹的东端发现一个小建筑，已被风蚀得极坏，由木头与红柳编栅构成。除此之外，主墙的其他各处不见建筑物。

　　根据这里的迹象，我立即在主废墟群北边的一个台地上发现了几段残墙，墙较短，但方向和结构尚清晰，它们与上述主墙平行。较长者毁坏严重，长约140英尺。其西—南西是另一段墙，

图 28　褐煤印

长约30英尺，受损较少，仍高出原地面约8英尺。夯土墙中每隔约2英尺嵌入一层红柳枝捆，共见这种红柳层两层。从曾作为墙基而现在残留在小雅丹顶上的红柳捆可看出，此段墙外还有一些墙线。墙原厚度不能确定，因为每一处墙面显然都被沿它流动的流沙严重削蚀。后来对遗址进行的平板测量发现，我这样找到的北墙和南墙间的距离约为1 020英尺。

查明西墙和东墙的位置是一项更困难的工作。但它们肯定曾存在，与南墙、北墙一道构成这个小要塞完整的防御体系。在废墟区以外是密集的雅丹，我试图从那里找到可以证明墙体存在的连续线，但没发现任何蛛丝马迹。剩余时间已经不多，其他紧迫任务还没开始，我不能花大量时间来调查这个问题。测量员又陷入了风湿病引起的痛苦之中不能工作，因为酷寒天气和持续刺骨的冷风使风湿病愈发严重。12月22日最低气温是零下46华氏度。他没有再用平板绘制大比例平面图供我使用。因为这些困难，我那时没有发现东墙，或更精确地说东—北东墙的真正位置。西（实际是西—北西）墙的两小段我实际上已注意到，当初我错误地解释为侧峙在此小要塞西门两侧的两座塔。

事实上，1914年我重新调查时清楚看出了 L.A.IV 附近的这两个土墩，它们完全属于西墙线。南边的一段长约24英尺，基厚约15英尺。墙体直立，高出风蚀地约16英尺，但不能确定这个高度有多少属于墙体构造，有多少只是由于风蚀而使地面降低造成的。北边隔着一条宽约30码的沟，是较小的第二段墙，长约15英尺，厚9英尺，高约9英尺。顶上还能清楚看到两层红柳层，中间隔着厚约3英尺的夯土。这里残存的这些小段墙体遗迹显然是附近废住宅 L.A.Ⅳ~L.A.Ⅵ 的保护所致。两段墙之间的地面，散布着粗重的木头。1906年和1914年我两次调查都表明这条沟正处在西墙的中间，我认为我们可以可靠地推断要塞的西门就位于这里。我发现克里雅下游喀拉墩古堡粗木大门和1914年前往楼兰遗址途中调查的戍堡的大门情形与此完全相同。

关于向东—北东方向的那段城墙，1906年我没能发现任何踪迹。因此我曾被迫得出结论：如我们亲身所历，可怕的东—北东风甚至在冬季也没有完全停止，它以及它卷起的沙粒的不断侵蚀，无论在哪一处雅丹沟，都必定首先破坏直接挡在其前方的墙面，最后将以前残存于风蚀台地顶上的残墙断壁摧毁殆尽。我当时对这一结果颇感疑惑。半年后我调查了安西附近废弃的汉城，它的东墙被严重毁坏，我觉得它正好弥补了这一侵蚀过程的中间阶段，所以对这个解释的正确性不再怀疑。

1914年2月对该遗址考察时，发现了东—北东城墙以前我没有注意到的两小段残迹，使我得以对上述解释予以检验，进而也使我能够确定这段古城墙的确切形状和范围。奇怪的是，1906年12月来到这里的第一天我就拍到了这两段残墙的照片（图10），然而当我后来在较低的风蚀地上四处寻找时却认不出来。北段城墙附近，是一层厚厚的红柳枝，宽约10英尺，在台地顶上延续约80英尺。这些红柳枝上是城墙的基础，铺放得非常整齐，与其他地方一样，铺放方向也与城墙的走向呈直角。台地的顶部由于这层厚红柳枝的保护没有受到风蚀，现在比东面的风蚀地足足高出16英尺。这段城墙曾向北延伸，由于风蚀现已完全消失了，这可以从图9所示佛塔以东的全景中看得出来。但是再向南约220英尺，就到了此城墙的另一段残壁。这段残墙形状如较小的台地，顶上同样铺设红柳枝，铺设范围长约24英尺。从图10中也可看到这个台地，它离城东南角很近。用罗盘仔细测量后发现，这两段残墙的走向几乎刚好与以前确定的南墙、北墙的走向呈直角。第一段残墙以北约80英尺的侵蚀地上有一堆粗重的木头，正在残墙的延伸线上，很可能就是此古城东门的最后遗迹。

由于东城墙的确定，整个古城的测量工作得以在1914年完成。得出的结论是这个古城几乎是正方形，内宽约1 020英尺。甚至到今天，这种方形还是中国大多数有墙城的典型形状。我后来旅经甘肃西北时，经过许多筑有防御墙的村镇，看到无论是古老的还是现代的，情形大抵如此。这种方形城起源很早是肯定的，但它的正式启用年代到底可以追溯到多远，我必须留待从事汉学研究的文物家们去确定。在中国人的传统观念中，合适的城墙方向应指向罗盘上的基点方位无疑是有道理的，我在甘肃西北观察到，那些城的方向一般都是这样。因此，L.A这座中国古代城堡的城墙采用不同的方向就有了特殊的意义。我们知道，后者可清楚找到的"南"城墙和"北"城墙的走向，完全与盛行的东—北东风向一致，正是因为这个原因它们才保存得比较好。而另两面城墙，方向与此盛行风向垂直。不得不承认，为适应这里躲避盛行风的需要，对传统的设计着意做了修正。在漫长的史前地质年代，这种盛行风与现在一样，也曾是罗布地区大气状况中的决定性因素。我们曾观察过遗址中的单个建筑物，它们都采用这种特殊的朝向，因此我们不可能怀疑，决定其采用这个朝向的原因完全相同。

第五节　L.A 废弃的佛塔

城堡内值得一记的只剩下东北角附近废弃的佛塔 L.A.X 了（图29）。它矗立在一座孤台上，周围地面因风蚀而降低，有些地方深达8英尺。这种情形，加上佛塔本身残高约33英尺，使之在整个遗址中最为显眼（图11、27）。正如它的第一位发现者所猜测的，它是一座佛塔而非烽燧，熟悉这种废墟的人一望便知。但由于侵蚀，更多的是人为的严重破坏，要测得此建筑物精确的尺寸并不容易，因为这意味着必须再现其原貌。人为破坏是指早期"寻宝人"的挖掘和斯文·赫定博士率民工的发掘活动。无论如何，经过对废墟，特别是对其遭受损害不彻底的西南面进行仔细考察后，我终于确定了它的基本尺寸和建筑细节。

该佛塔的主要特征与我第一次探险期间考察过的佛塔相同。L.A 废墟群的佛塔也显示出传统的布局，方形基座分为三层，其

图 29　楼兰遗址佛塔 L.A.X 遗迹，自南望

上是鼓形塔身，再上面盖着穹隆形塔顶。最底层高仅1英尺，上面铺红柳枝层。以此为基础，再上面是其余各层，见图29中左侧那人的下面。此层底部，在自然地面上砌有一层土坯，构成一种底座，这种结构在西南角附近还能找到约6英尺。第二层，内缩4英尺，高3英尺。此层上面是第三层，高12英尺6英寸。似乎附设有约1英尺宽的双级阶梯，从南面切入塔身。但这些楼梯的准

确布置，和在西南角找到的那些显然是用来通往第二层顶部的阶梯的准确布置，不能完全辨认出来。第三层的顶部，见图29中右侧那个人所在的位置。这连续三层的尺寸分别约为51英尺、44英尺和33英尺见方。

　　基座的第三层上面是规则的八角形塔身，高7英尺，其顶上有圆形底座，高1.5英尺。再往上就是圆柱形穹隆顶，毁坏严重，甚至保护较好的西南边高度也只有约7英尺，直径约21英尺。在八角形鼓身的土坯建筑中插入两束厚层红柳，这从图29中可以看得出来。斯文·赫定博士和早期"寻宝人"在鼓身和穹隆顶中所挖的洞穴暴露出部分大而重的木头框架，它们由横梁和支柱组成，曾经安置在鼓身和穹隆顶之中，以使建筑物牢固。从圆形底座开始，穹隆顶破裂开来，由于失去了原来的灰泥涂层，变弯曲的横梁暴露在外。塔基的各层好像是分别建造的，一层比一层大，如同同轴的正方形，在新疆其他佛塔中也见有这种方法。因此在东北角，风蚀已将建筑物的内部暴露出来，涂有灰泥的第三层基座的外表面可从第二层的土坯后面看到。由于佛塔的穹隆顶已严重毁坏，所以不能确定它是否包含有一根中心轴或中心室。各处用的土坯相当坚硬，尺寸与在 L.A 所测相同。它们有些地方的外观略带红色，可能是由于一场大火所致，大火可能曾从佛塔的底部将此建筑物烧毁，或由于寺庙变成废墟以后在其顶上点着的营火所致。基座四边的朝向与有墙城堡及其内部废弃的住宅一致。所以上面所说的词语"南面""东北角"等并不十分精确，只是为方便起见临时用用而已。

这里要提一下对佛塔附近地区的观察，因为它可以说明遗址废弃以后地表所发生的变迁。我在佛塔所在侵蚀台地的北坡上发现了一厚层死红柳丛，它们曾生长于此，覆盖着无疑是从上面废墟掉下来的一些加工过的木头。这片枯死的红柳丛所处的位置比前面所述在佛塔基座下方的红柳枝底座所示的原始地面低6英尺。显然，遗址放弃之后，风蚀一定先已将地面降低，然后有一次临时水源回归，促使红柳丛之类植物重又生长。

与此完全相同，我发现无论在哪里，佛塔附近长有死红柳的雅丹，顶部都低于佛塔底座所示的原地面高度五六英尺。我在别的地方也注意到相同的高差，例如，城堡的城墙以南存有死红柳的雅丹顶比城墙所在地低6英尺。显然，自遗址从公元4世纪某个时期废弃以来，剥蚀和侵蚀过程并不是一直延续着。再者，从风蚀地的任何高度测量的结果，都不能得出有关早期地貌的可靠结论，例如斯文·赫定博士在 L.A 遗址以南高程线经过的风蚀地。因为侵蚀过程既不是一成不变地发展，也不是整个地区必然一律，因此只有考古学上可确定年代和性质的建筑遗迹，才能提供有关特定历史时期土地表面所处高度的可靠标志。考虑到有一种理论仅根据一条等高线就推断城堡 L.A 位于古罗布淖尔实际的湖岸，有必要强调一下我们对于早期地表高度方面知识的局限。

在城堡的城墙外找到的最近和最出众的建筑遗迹，是用土坯砌的废弃的大土墩 L.A.XI（图30），位于佛塔东—南东约400码处。

大土墩位于风蚀台地顶上，南面的泥土已被挖到约15英尺深（图30）。详细调查表明，此土墩是一座佛塔，其圆柱形或穹隆形顶部分已完全毁坏，人类作用可能加强了风的侵蚀力。塔基方向似乎与城堡内的佛塔相似，但由于外面的建筑毁坏得更严重，所以它的四边的情况不能确定。从比其他面遭受毁坏少一些的北面判断，塔基平面可能呈方形。看不出有分层的布局。但在最低的土坯下方，底座清晰可辨（图30中，站在较下面的那个人的脚所示）。它由两层6英寸厚的红柳枝组成，间隔以一层3英寸厚的夯土。残

图30 楼兰遗址东面的 L.A.XI 倾颓的佛塔土墩，自东南望

存部分东北角的高度约9英尺，中心部位约13英尺。与L.A.X一样，佛塔的基座似乎建成同轴方形的连续层，西北角附近和东南角附近残破后形成的大切面中，都可见到在两个土坯的核心之间有裂缝。所用的土坯尺寸略有变化，与L.A.II、X中的一样。

"寻宝人"曾正确地认出了废墟的性质，并有效地尽力到达推测存放在塔基中心的文物，这已由从西面正中挖入塔基的约5英尺宽、6英尺高的一个坑道所证实。它直通中心。我第二次访问楼兰时，当清理完坑道中的厚沙后，发现它足有26英尺长，似乎已到达了放存放物（如果有的话）的地方。此坑道中有许多鸟巢，这个事实证明它一定是当动物还能在此地区找到食物时被挖进废墟的。

到达的第二天，我偶然检查了在废城堡附近区域能够看见的其他建筑遗迹。在东北大约0.5英里发现一个小土墩，是一个完全被毁坏了的硬砖砌的建筑，硬砖显系烧制，建筑物已被侵蚀分解成金字塔形（图31）。它似乎是一座佛塔基座的废墟，量得其基部最好的即朝向北—北西的那边长约35英尺。土墩实际高度从最底层砖起大约是10英尺。暴露的砖17英寸见方，厚3英寸。土墩所在台地的附近地区已被风吹扫到16英尺深，只见有很少的几块陶片。

自此向正北方向走，越过约1.75英里可怕的雅丹和深沟地段，来到另一个损毁严重的土墩，它位于一个比附近风蚀洼地高约16英尺的台地上。除土墩的西面能量得为约36英尺外，坚实的土坯

图 31　楼兰遗址 L.A 城东北面的小土墩遗迹

堆因风蚀作用已失去其原来的轮廓。高约8英尺的下层或基座上有一小堆破土坯建筑物，宽约20英尺，高7英尺，位于基座的北面。虽然表面特征都已被完全抹去，但我想我能看出其原样与米兰佛寺 M.II 相似。土墩的上部显示有插入土坯建筑之中的木柱，而可能曾属于某上层建筑物的大梁则掉落在土墩的脚下。风的侵蚀力已将土墩附近的松土或土块一扫而尽，因此已无发掘的机会。

附近少有陶片，这说明它是较某居住建筑物为晚的一个寺庙废墟。西北约110码，光秃的土台地上散落着大梁，大梁长20英尺，表明是一处完全被侵蚀毁坏的建筑物。

　　风蚀对另一组小废墟的毁灭同样彻底，它位于最后所讲废墟的西—北西近2英里。我们在这里发现一个被毁坏严重的土坯小墩，高约8英尺，西南面长14英尺，在它的东面发现一堆木料，似乎标示此地曾建有一个至少60英尺长的建筑物。粗重但严重破裂的横梁现在躺在坚硬的地上，周围全无任何其他遗迹。小墩建在一层红柳枝底座上，其土坯被两层间隔1英尺插入的芦苇加强加实。西北约45码有另一小块地，放置了大块木料，这些木料一定曾属于一座用木头和编栅筑的大型住宅。现在它们放置在光光的泥地上，风蚀已将泥地削减到比附近墩基所示高度低约10英尺。

　　就在从这个最后的小塔提返回途中，我特别注意到将要穿过一条清可辨的老河床，河床边死胡杨和红柳丘排列成行，显出河岸线。弯曲的河床深15~20英尺，宽150~180英尺。河岸很陡，保护得相当完好。河床的总方向指向东北，因此与盛行风方向接近一致，这个事实可能有助于保护它。像我在其他地方一再观察到的一样，我注意到有一点很奇怪，那就是虽然任一边河岸上地面都被切割成雅丹与深沟，构成完美的迷宫，相当平坦的河床底却很少有任何风蚀的迹象。此河床似乎与我们12月17日从南面接近遗址区时所经过的河床相连。

　　在刚描述过的不多的遗迹和废城堡南面之间，以及在后者其他各面约1英里距离内，地面上到处散布着陶片，总体类型与有墙城堡内流行的陶片相同。坚实的建筑物在风动流沙不断侵蚀下尚且如此，我在若羌最后见到的泥墙建筑或阿布旦那样的草屋组成的粗陋住所消失得只剩下小塔提上的陶片也就不难理解了。因为这里曾是生活区，交通路线也曾一度经过这里，因此在无遮蔽的风蚀地上留下了许多石质、金属和其他硬质小文物。那是测量员的厨子、忠诚的贾斯范特·辛格和暂不忙于挖掘的民工们快乐狩猎场，他们带给我的发现物相当可观。有些较重要的发现物，这里还是需要简单提一下。

　　在陶片标本中，灰色席纹陶片（图32），可能与发现于敦煌边境沿线的汉代陶器极其相似。有深青绿色釉的陶片更像是当地物品，占主导地位的打磨较差的陶器标本，包括灯（图32，左），都是当地物品。该遗址小件青铜器的数量非常引人注目，比属于同一时期的尼雅遗址的要多得多。我认为从中以及从发现的数量异常多的钱币中，我们可以看到伟大的中国贸易之路给这个古代城堡带来了多么繁忙的交通。发现的大量中国青铜镜残片等（图33），说明从东方极易得到。还有青铜戒指以及青铜扣子、环、带环和其他盔甲装置。无论如何，在这里发现的不同颜色的玻璃珠和玻璃器皿残片（图34）充分表明，我们从汉文史籍得知的玻璃是晚到公元5世纪上半叶晚期才从西方输入到中国的货物，当时生活在"印度西北边境即大致在奥克苏斯河中游的大月氏国"商人最先将玻璃品传入中国。

图 32　陶器残片

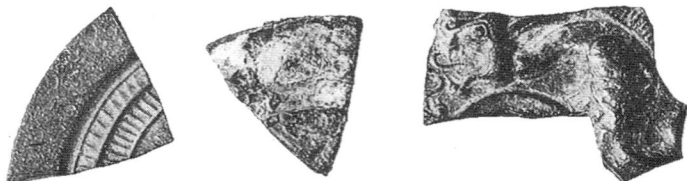

图 33　青铜镜残片

图 34　玻璃珠

第六节 一处佛寺遗迹

到12月22日傍晚，古城堡的所有废墟已清理完毕。我曾将木拉和其他人派出去寻找更多的废墟，并许诺如有新的发现将付给优厚报酬。但就像我自己在北方的探察一样，他们在L.A附近没有发现任何有待发掘的建筑遗迹。我1914年的重新调查表明，就东北方更远一些的地方而言，这个报告并不完全正确。然而当时我几乎感到有理由宽慰了，因为我们冰的供给正迅速减少，而且测量员从西组废墟（我标为L.B）回来时带给我的消息告诉我，有好几天的工作正在那里等着我。当带着骆驼到库鲁克塔格山脚的英布拉克泉去的托乎提阿洪12月22日傍晚回来报告说那里的水是如此之咸，以致实际上还没有结冰时，我对是否还有足够的余裕时间来发掘西组废墟深感焦虑。更何况天气如此寒冷，我最小的温度计记录到那天早晨的温度是零下46华氏度。因为同样原因，甚至连已经10天没喝过水的骆驼也拒绝触及那里的水。因此，随着从那口泉水获取冰块希望的破灭，加上对坚持了如此长时间的骆驼的担心，我对托乎提阿洪在遗址西面的两天探察没有发现更多的废墟并不感到十分遗憾。

当晚，我派去中转库取储备的冰和补给品的骆驼恰好回来了。由于它们的帮助，第二天将营地迁到西组废墟成为可能。由于距离不过8英里，我得以利用整个上午来仔细检查和测量前面说过的那座废佛塔，并让大家将我们已经清理过的遗迹回填，以利于保护。

步行去新营地的路上，大家都背负着重物，被几乎是横亘在前面的连续雅丹的陡脊和垄沟弄得很苦。路上我得以考察了曾指引我们来到遗址的第一个路标——废弃的佛塔（图8）。它已被风蚀严重破坏，但方形塔基的上两层和圆柱形穹隆顶的基脚还能清楚看出。最底层只能从东南角艰难地找到，因为下方的泥土已被风蚀掉，大部分建筑已滑落了。塔基底部约40英尺见方；包括残余的圆柱形穹隆顶，从基座的第一层顶部量起，废墟总高约34英尺。这里基座的各层也是围着一个核心，建成分离的同心层。这相当于圆柱形上部构造，直径17英尺，在这里可从暴露的北角清楚辨认出来。建筑的中心插着一个加固木框。土坯的平均尺寸与前面发现的相同。

12月24日一早，工作从一小组废墟L.B.I～III开始。这组废墟包括一座小佛寺，斯文·赫定博士队伍中的一个人在1900年3月偶然发现了它，他自己第二年从那里带走了许多精美的木雕。他当时从设在东组的营地出发对它进行考察，因此时间非常有限，往来只有数小时。这就留下了在这里有进一步发现的希望，而结果也并没有使我失望。除了被侵蚀严重毁坏的寺庙遗迹L.B.II，还有两个较大的建筑物，分别是L.B.I、III，它们在寺庙东北和西南两边，显然是住宅（图35）。整组废墟位于一个岛形台地的顶上。

台地长约250英尺，高出脚下的风蚀洼地足有28英尺。

　　清理东北面住宅 L.B.I 的主要意义在于能够研究其木料和编栅墙的详细构造。在尺寸为36英尺 ×20英尺的大房中，西北和西南墙只剩下约1英尺高。但东北和东南墙在早些时候向外坍塌了，平瘫在地上，因此没有被侵蚀。墙体有一个用木柱构成的框架，基木上每隔15~21英寸插入一根柱子。柱子上固定着制作很好的编栅。编栅由水平放置的芦苇捆构成，两面敷以一层灰泥，总厚达8英寸。在同一室中发现一根直径1英尺5英寸的粗大木台柱，它们表明此房的高度曾有约10英尺，这个建筑物在被遗弃后曾彻底清扫过，因为尽管塌墙提供了良好的覆盖，但在这里什么也没发现。

　　清理废墟 L.B.III（图35）的结果稍好一些。这处废墟位于西南约90英尺，只有3个房间，用木头和编栅筑成，在一层很薄的覆沙下还能辨识出来。但在东面侵蚀坡上有一些粗重的基木，表明此建筑物原来比较大。这里的编栅由下面水平放置的芦苇捆和上部呈斜角织成的红柳席子构成。大房中有一根八角形木柱曾支撑着屋顶。除了一些小青铜器和料器，许多丝、毛和毡织物碎片和3枚中国铜钱外，这里还发现有许多残木片，它们属于同一个大木衣柜或碗柜。柜子有四条高腿，有浮雕装饰。有四朵花瓣的蔷薇结形成装饰性的菱形图案，这种图案雕刻成浅浮雕。

　　我发现其他具有艺术意义制品的希望在我一开始清理一堆木头时就实现了。这堆木料覆盖在小风蚀台地的中央，标出了前面

图 35　楼兰遗址 L.B.II、III 遗迹，自东望，清理前

提到的寺庙 L.B.II 的位置（图35）。在台地顶上的木制品实际上没有任何沙子的保护，仍保持着斯文·赫定博士的人留下的样子。其中有雕版和柱子，至少还部分保留着其设计很好的浮雕花卉装饰。由于完全暴露在外和长期的风吹日晒，其他木头的表面变成白色且破裂严重。但即使在如此变形了的雕刻品中，我还是看到有些花形装饰品与尼雅或犍陀罗雕塑相似。

　　台地东南面风蚀斜坡上覆盖了三四英尺高的沙子，当这堆沙子废弃物中露出大量精细的装饰木雕片时（图36），我感到心满意

图 36　楼兰遗址 L.B.II 佛寺遗迹出土的装饰木雕

足。其中有些横梁或柱子，从其不一般的尺寸就能立即认出是寺庙的墙壁装饰。从大量透雕木板块推断，该寺庙一定主要由木料建成。许多透雕木板上显示有优美粗犷的图案，它们曾装在墙体上用来透光的地方。

　　东南和东北边的基木（图35）还保持在台地顶上原来的位置，分别为19.5英尺和18.5英尺。它们表明这座寺庙大呈方形，规模不大。两根基木在角上用鸠尾榫接合。在东南基木的前面，支撑墙体的木框尚在，部分伸出风蚀坡外，好像经过数世纪的暴露后被风吹倒的样子。图36的前景中将它显示了出来。曾托着屋顶的横梁长17.5英尺，仍然完好无损，用暗榫与柱子接合。横梁东头的两根木柱仍接合在它们的暗榫中，并用水平连木结合在原来的位置上（图36）。横梁两侧的两个暗榫相隔5英尺8英寸，显现出了其侧旁一扇门的门框位置，与保护得很好的精致横木一样，也有斜接头，上面有涡卷形雕饰。这两个暗榫长度与门的宽度完全相合。因此这根横木很可能曾用作门上面的过梁。

我未能找到寺庙内部任何的建筑构件，原因之一是遗迹被严重扰乱了。无论如何，可以推测用车床旋制的精细的栏杆（图37）和它们先前支撑的扶手是用来围绕寺庙内部的某部分空间的，很可能就是围绕崇拜物。寺庙内一定曾有肖像可以认为是肯定的，无论如何还是有几件文物可以证明。这些文物是：一条雕刻成圆雕或高浮雕的木手臂和两小块灰泥浮雕。其中一块可能是一大型灰泥像的部分头饰，而另一块可能是一大型浮雕光轮的火焰边，这种光轮从和田到敦煌唐代的佛像背后很常见。木手臂的表面由于暴露在外遭受了严重毁坏，不能确定它原来是否涂有或覆盖着灰泥。但是如果作出推测，这个紧握着的手竟奇异地与常见的天王手势相似。在敦煌千佛洞灰泥像群中，这种天王像常与佛或菩萨同在一起。

如果有必要证明废墟 L.B.II 是一座佛寺的话，那么只要提一提其中的两件佛塔形的木尖顶饰（图38）就够了。它们高分别约20英寸和30英寸，精确表现出典型佛塔建筑特征。它们底部有一个方形基座，基座上是一个圆形鼓身，上立一穹隆顶，穹隆顶上支持着一个向上展开的方形顶盖，就像在保护得很好的犍陀罗佛塔中常见的那种一样。顶盖上方顶着一系列"伞"，很像印度佛塔总是托着的那种，要么是木的，要么是石的。基座中用来连接的榫眼说明这些小佛塔模型是用作建筑物的尖顶饰。但它们的准确位置不得而知。还有一件雕刻匀称的小尖顶饰，仍有镀金的痕迹，表明它们像经常见到的那些更小的泥佛塔模型一样，可能是有意用作还愿的佛塔模型的。

我们现在可以谈那些单独的装饰木雕。它们可以分为两组。第一组是一些不同尺寸的木料，从其浮雕特征或其他迹象可以推

图 37 木雕栏杆

图 38 小佛塔木雕模型

测它们曾用作横梁，否则就是沿墙的外或内侧水平放置的横木，似乎是门上的过梁。它装饰着优美的涡卷花纹，清楚地表明起源于古代。这说明这个涡卷花纹与纪元初期的科普特雕饰之间有惊人的相似之处。弯曲的茎和六瓣蔷薇花饰的空间填充着的优美三连叶，希腊风格的主题特别突出。这些三连叶与犍陀罗浮雕装饰中的样式和布局完全相同。

四根大型横梁（图39）无疑是水平墙饰的组成部分，可能位于刚才推测的雕带之下。它们的主要装饰特征是一系列由直束带连在一起的悬挂着的圆环，每一个圆环包含一朵八瓣花（莲花或蔷薇花）。涡卷纹和花两者无疑都源自犍陀罗浮雕中常见的花饰主题。上下拱肩填着同类型的半蔷薇花，横梁的一端也用对角交叉带隔出4个三角形。在一块窄梁上，我们观察到一种由简单却有效的菱形花纹构成的浮雕带，浮雕带以古典式木棒形花板条镶边。

第二组木雕是大量透雕版残块。这些透雕版曾位于墙中的重要部位，并用来采光和透空气。图案最简单的是在巨大的格中有菱形透孔。图案风格较有特色的是大透雕版（图40），雕版中方形素边框内是一朵带有萼片的四瓣莲花。

在以上两组不同的木雕中，最有趣的是一块印度—科林斯式柱头残片（图41），富丽地雕刻着叶形装饰和涡形花样。顶部八瓣叶形轮廓连着一个次级圆形轮廓。雕刻方法非常有特色。这个柱头的图案风格和雕刻方法又都在拜占庭式柱头中看到。考虑到最近的研究已经证明拜占庭艺术依赖于希腊艺术的向东发展，这个

图40 透雕板残块

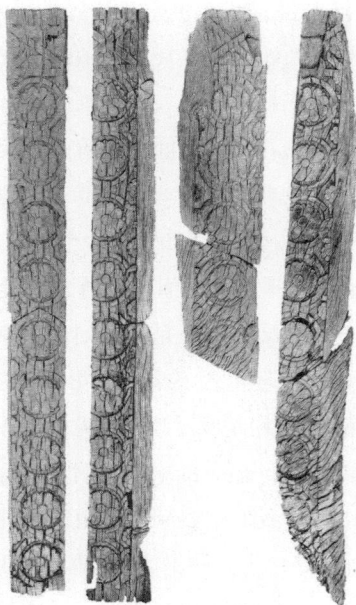

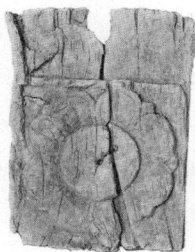

图39 建筑上的木雕构件

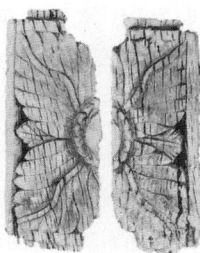

图41 装饰性木雕

楼兰柱头的早期年代（不晚于公元3世纪）及其在这条通往远东的特别大道上的发现，可能具有特别的意味。

有一根奇特的木棒，一头略呈锥形，另一头有一个大球状物，它令我迷惑了一阵子。它们都是用来将横梁或嵌板固定到木框架上的木轴钉，它们的球形头不管是圆球或圆锥形还是类似于倒蓟头，都是用作建筑装饰的，这最先是由我的建筑师朋友莱昂为我弄清楚的。它们的作用与用作装饰的仍在木结构器物中使用的类似金属大头钉是一样的。

草制的小笤帚是从保护小寺中的这些罕见建筑遗迹的沙子中发现的。它使我不禁有所感伤，它一定曾被最后一位侍者拿着在这里尽力清扫崇拜物身上的尘埃和沙子。这件粗陋的家庭工具构造原理与后来在敦煌古代边境上的一个烽燧发现的扫帚相同，而与在丹丹乌里克和尼雅遗址发现的扫帚迥异，也许说明在经楼兰的这条古道上中国的影响相当广泛。

作为适当的补充，寺庙西南面基木以下两三英尺有一个小垃圾堆。除了一枚汉文木简残片和一张破碎的汉文纸文书，还发现有大量织物片，有丝的、毛的和棉的和一块结实的棉帆布，这块棉帆布用作某些灰泥浮雕的衬背。

寺庙东南地面上少有遗物，风蚀已将那里降低到原地面高度以下约9英尺。足有60英尺长，并由两根长度相同的木接头连接起来的基木，可以说明这个地方曾是一个大敞院。这些基木就在L.B.I 东南墙延线外的侵蚀地上面，距L.B.II 约50英尺。基木上有许多立小柱子用的洞，但由于附近没有其他遗物，似乎有可能只是承托着院落围篱。L.B.I~L.B.III 附近找到的其他遗迹是在西南约100码发现的延续很短的灯芯草篱笆，可能曾属于某个围篱。它们得以残存下来显然是由于它们与盛行风方向一致。

L.B.I~L.B.III 东—南东不远处有一座用土坯砌成的塔形小墩，

图 42　楼兰遗址 L.B.II 寺庙和 125 号营地之间的小佛塔遗迹

清楚表明了这个遗址区风蚀的破坏力。如图42所示，原来是一座佛塔，由于风蚀作用，现在只剩下这些了。东西长约26英尺，最宽处约18英尺。红柳枝底基所示原地面以上建筑物的残高似为10英尺。照片前景中站着的木拉的头顶大致就是此底基的高度。建筑物的各面皆已破损，任何一处建筑轮廓都不能弄清。废墟南面冲刷出来的洼地底部，低于由红柳枝构成的底基所示原地面高度足有24英尺。

第七节　废墟 L.B.IV～L.B.VI 中发现的遗物

　　12月25日下午，我开始清理西组废墟中两座紧挨在一起的建筑物，立即就发现那是一个贮藏着大量发现物的宝库。它们位于先前提到的那处佛寺的东—南东约1英里，是斯文·赫定博士第一次访问该遗址时发现的。1900年3月29日，他在那里花了一天时间，但由于时间和人力所限，没有对两处更大和更重要的建筑物进行任何详细调查。L.B.IV 这处废墟位于土台的顶上，土台从东北向西南延伸约170英尺，比周围地面高8～15英尺，由于风蚀作用，土台周围地面低于原地面高度。全景照片即复制的图43是发掘后从东面拍摄的情景。附近地区看起来格外开阔，好像这里的风沙侵蚀作用是一致的。这里没有与 L.A 雅丹那种密集的晕线，而且各处洼坑中积聚着沙子。向东0.25英里可以清楚追踪到一条老河床蜿蜒于死胡杨和红柳丘之间。向南约半英里我又碰到了它。河床宽逾170码，河床底只比死红柳丘底脚低约6英尺，显然很浅。

　　另一处废弃的建筑物 L.B.V 位于东面约30码，其所在地几近侵蚀地。建筑已被瓦解为一堆破裂的木头，如图44所示，只有一根粗大的基木还保持在原位。较大的建筑物 L.B.IV 的有些部分也遭受了相同原因的严重破坏，特别是东北边，如粗重的基木和其他木料所示，从图43中可看到，它们散落在全景照片的右边和中间部位的侵蚀坡上。幸运的是，这所大型住宅所在土台的其他部分没有受到太大的侵蚀影响，尽管覆沙层没有一个地方高逾3英尺。当发掘继续进行，我立即认识到此地所受到的保护主要归因于这个古代住宅中间和四周堆积的一层厚实的羊粪。显然，该住宅的最后一位居住者将其放弃之后的许多年里，这处建筑物曾用作牧羊人的羊栏。我在尼雅遗址最南废墟中也观察到这种现象，以后还将提到在米兰见到的相同情况。

发掘从该建筑物西南角的小室 L.B.IV.i 开始。它的墙壁与其他建筑物一样，用水平芦苇编条固定在普通型木柱框架上建成。与用木板覆盖着的坐台连接的隔墙，从西南墙突出来，横过此室的大部分，只留下约3英尺6英寸宽的狭窄通道可以进入东南面的邻厅 iv。这个小房间很可能用作侍者的候见室。里面积聚的羊粪比坐台还高，从地面算起约有1.5英尺。紧贴着地面发现几块雕刻得很好的透雕木板块，上面的图案是用交织带串连起来的圆轮。另一块则显现一根设计优美的树枝，树枝上长着树叶和浆果。由于后来在此废墟另一头的室 vii、viii 中发现相同透雕版残片，我们可推断一些木雕的位置在透雕版破烂之后被移动过。我无法确定这种散布情况是在古代发生的，还是斯文·赫定博士的人挖掘时造成的。但可以肯定的是它们上面的花形装饰与其他透雕品一样，古典色彩十分浓厚。

在小室发现的其他文物中有一枚矩形底简和一枚盖简，它们都保存得很好，上面的佉卢文字迹整洁清晰。值得注意的是这两

图43 楼兰 L.B.IV 遗址全貌，自东望

枚木简好像是用栽植的杨树木料做的。然而在 L.A 发现的全部佉
卢文书都是用胡杨木料制作，从这一点我们可以推断出后一种材
料是当地用作写信的"纸"。两枚木简都是在坐台的脚下发现的，
受到厚层羊粪保护。

相邻的东北室 ii 较大，长20英尺，宽17英尺。三面墙间的

坐台高约1英尺，隔着一道障壁，障壁由仔细结合在一起的大梁构成。这里也出土了相当数量的有趣器物。除了一枚保存完好的写有佉卢文住址的楔形盖简，还发现一枚罕见类型的木简。它的周边突起，形成窄突缘，中间部分内凹，就像是用来装蜡或类似的涂层，这使人明显地想到罗马的蜡封木简。背面四边切成斜面，

图44 楼兰 L.B.V 遗址，自西南望

似乎是用来和另一枚同样制作的木简拴紧用的。发现的3个印盒，
进一步证明这个房间是文书室。磨成长菱形的白色石英片，根据
中国人的使用方法，可能是用来调制墨汁的。

　　一块织造很好的红蓝毛毯（图45，下），织法奇特。但更有意
思的是保存完好的编织鞋（图45，右），因为其"鞋帮"有精细装饰。
鞋面是由一整块织有彩色图案的毛织物构成。类似织锦的图案沿
着鞋口向下延伸到趾部，上面前部附着新月形的连续饰带，饰带
上显示有雅致的几何图案，精巧地配以各种颜色。它们总的风格
让人联想到从埃及墓中出土的织物所示科普特作品。

工具中值得一提的是一把铁刀残片，一支角质刀柄，一根木棒，可能是弓柄。奇特的卷线杆形器，将近11英寸，是一根一头逐渐增大成圆形球突的轴。小的木质十字架，像新疆现在用来拴缚小羊的工具去鲁克，可能是当此建筑物成为羊栏时的一件很好的文物。这里我也可以顺便提一下两件陶器标本。它们代表两种类型很明确的陶制品，在该遗址很常见，代表古代中国之路从这里通过时的特征。第一件是典型的上乘当地泥质红陶器，另一件是深灰色的席纹陶器，我在敦煌边境调查时证明它与中国汉代的治理有关。

该建筑物南角大室 iv 的内部长28英尺，宽26英尺，木和编栅墙壁几乎每一处都保存有约3英尺高。图46反映的是它发掘前的范围，图47、48反映的是它发掘后的情况。最初看起来像地面

图 45　织物

图 46　经楼兰 L.B.IV 遗址的 iv 号大厅望向 L.B.V 遗址，发掘前

的东西，结果是一堆从羊栏和牛栏扔过来的废物，堆在原地面上，超过 1.5 英尺高。四根巨大的圆柱曾支撑着房顶，现在仍直立着，体现了这堆废物所提供的良好的保护作用。从地面起约 3 英尺的部分保存完好，由于上部木柱被沙磨损和晒裂，用车床加工出的造型线条越来越难以辨识，如图 48 所示。木柱的矩形柱础状况良好。通往室 i、vi 的门的门框也可在照片中看到。

　　厅中发现有一小片佉卢文纸文书，车床加工的一条木碗柜的腿和 14 根用来固定木板的装饰性大型木轴钉。我发现，这些轴钉安装在两条窄梁一头的孔中，这两根梁是在此室中发现的。它使

图 47　经楼兰 L.B.IV 遗址 iv 号房屋遗迹，向西北望，发掘后

图 48　楼兰 L.B.IV 遗址 iv 号房屋遗迹，向西望，发掘后

我立即想到，它们可能曾用来固定并装饰支撑屋顶小梁的顶部，在屋顶处它们连接着大梁或支承的框架。靠近北柱发现羊粪中插着一个水槽，像是喂家畜用的，用一根树干粗糙地挖成。这个水槽和一个制作同样粗糙的餐盘表明了建筑物原来的特征和当古居址变成原始的牧民点时使用之间的差别。

东北边紧邻的室 vi 保存很差，那里的唯一发现物是一枚楔形底简，后来在室 v 中发现了它的盖简。比较起来，还是室 v 发现的东西多。室 vi 面积约25英尺×28英尺，三面墙间有坐台，宽三四英尺。粗梁厚足有1英尺，用作障壁（图49）。中心区的地面覆盖着一层羊粪，厚足有2英尺。它肯定是在此建筑物或多或少还完整但已用作羊栏和牛栏时积蓄起来的。精致的圆柱高11.5英尺，周长4英尺7英寸，曾支承着屋顶，图49中是将它重新竖立在圆形基柱上的情形。基柱是用一块木料雕刻而成，有长方形的柱础。圆柱放在这堆废物上。这根圆柱曾托着无图案装饰的方形柱头，柱头上放着大双托架（图49右侧），它靠近东北面，就像是塌落在羊粪层上的。废物堆顶上，就在中心柱南面，有一张斜纹红柳席子和一个结实的木框，木框3英尺2英寸见方，用截面为7英寸见方的木板做成。二者都像是当此建筑还被牧人使用时的屋顶上的东西。

对坚硬的羊粪层的清理比在沙子中挖掘花的时间多得多，且更仔细。但也得到了报偿，获得了大量各种各样的发现物。如果说文书只有两枚佉卢文木简和一枚汉文木简（不可识读），这里发

图 49 楼兰 L.B.IV 遗址的北面，自东南望，发掘后

现的精美木雕就更加重要。保存最好也最具艺术价值的是两根雕
刻的上过漆的木椅垂杆，可能是腿或扶手。它们生动地显示出当
地古代艺术和遥远西方密切而复杂的关系。其中一根雕刻成一种
半圆形，状似一种组合型怪兽（图50，左），姿态与处理明显地使
我想起帕塞波利斯的雕塑风格，按照遥远的亚述人的祖先的样式，
雕刻出多彩的螺旋形，象征头上的头发和爪上的爪毛。这件作品

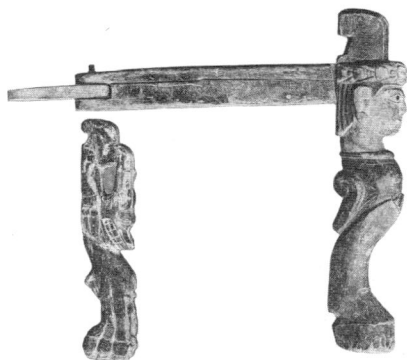

图 50　精美的怪兽木雕

比尼雅遗址发现的类似作品更精细，漆色保存得更好。另一根较
大（图50，右），几乎雕刻成圆形，也表现出一种组合型图案。但
无论如何，在一定程度上像人，图形显示有女性的头和胸，面部
呈现波斯人特征，竖直拳曲的小翅膀依附在胸部的后面，很像希
腊斯芬克斯（希腊神话人物——译者）的翅膀，好像在强调承袭
了古典艺术中常见的怪兽。图案的人形部分位于一半开的莲花上，
通过莲花转换到下部，变成马腿和蹄。漆面色彩光亮夺目，极大
地增强了木雕的艺术效果。

　　室 v 中发现的其他木雕，装饰风格同样清楚地源自古典艺术。
两块嵌板特别有趣。第一块显示有非常优美的棕榈叶形浮雕装饰，
很容易被误认为正统的拜占庭式作品。第二块长约16英寸，看起
来像是嵌板上的木壁柱的一部分。柱身上装饰着雕刻成浅浮雕并

以丝带束住的4个悬挂着的花环，含有一种古怪的晚期罗马式外观，而且可能恰好就是罗马帝国家具的一个样品。

漆木家具或用具残片发现很多，其中有些从技法或竹质材料看，明显是中国制造。大型象牙骰子，长4.5英寸，它的形状和印记在印度用来占卜的骰子中仍很常见。一个青铜杯的座子形状奇特，用途不明。在各种木件中，有一个刀鞘和半截栏杆支柱，表明这个房间曾有一个装饰板。一种在其他地方没有见过的织物是黄色小毡片，遮光涂料面上绘有各种色彩的花和几何图案。

室 v、vi 东北面隔着一条8英尺多宽的过道，能找到一个较大的房间 vii 和一个小窄室 viii。它们的木构和编栅墙由于羊类层的保护，有些部分还有几英尺高，图51显示的是清除羊粪后的情形。这所住宅所遗留下的一切好像就只有这些房间了，住宅东北面被风蚀毁坏了。这里的发现物很少，但有精美的装饰透雕木板残片，带有古典式浆果状月桂树叶和棕榈叶图案。

东约30码有一个孤立的土台，顶上的遗迹 L.B.IV.v 显然曾是一座寺庙，与 L.B.II 极其相似，尺寸也相当（图44）。大量木块散布在侵蚀坡上，但都已破裂，只有一根约21英尺长的基木仍大致保持在原位。其他大基木的性质不能确定。但是从中捡到的雕刻木块明确显示，建筑物墙的结构特征和装饰一定与 L.B.II 属于同一类型。这些木雕中有一根梁装饰成浮雕。一块透雕版显示有开放的四瓣莲花。另一块透雕版有对角线条和轮。还有一系列用车床加工的栏杆支柱以及这种栏杆的木扶手。

图 51　楼兰 L.B.IV 遗址 vii、viii 号房屋，自南望，清理中

　　12月28日，通过斯文·赫定博士的参考资料，我访问了在 L.B.IV~V 与我们走近遗址时第一次看到的佛塔之间找到的废墟。我发现它们位于 L.B.IV 东—南东直线距离约2.25英里，遗迹很少。一条死胡杨林带附近有一条风蚀山脊，呈东北至西南走向，上面有严重毁坏的两处建筑物遗迹。建筑物部分用烧砖砌，部分用常用的木和编栅筑成。东北边的一处为 L.B.VI，有一间砖砌的小室，

约15.5英尺见方，被厚3英尺的墙环绕，高2英尺多，底基为红柳枝束。东北墙下方的地面没有被风蚀下切。墙上一层砖，一层夯土。西南墙邻接一堵木和编栅墙，残长约11英尺，其一头基木悬在风蚀坡上。

清理内殿的内部时，在南角发现了几块易碎的小块壁画残片，泥石膏面上涂以蛋白。南角外面的风蚀坡上，除一些未经装饰的木雕外，还有两块格构板，上有斜条和圆轮组成的屏风图案。另一块木板装饰成一朵八瓣莲花浮雕。

这两处建筑的附近地区散布大量当地型的陶片，直到更东约1弗隆（英制长度单位，1弗隆=201.168米——译者）发现土坯构成的土墩。这个土墩是一个完全被毁坏的佛塔。基部从东北至西南长约30英尺，宽18英尺。其顶约高于原地面11英尺。佛塔遗迹西南约0.5英里有一片地方陶片丰富。我在那里发现了另一个土墩，直径约35英尺，周围露出层层烧焦的红柳木和砖块，明显是一个古砖窑。其最大高度比原地面高约8英尺。但后者现在呈土台状，根据风蚀深度，西南面足有16英尺高。这种土墩我在北印度的老城附近经常见到，如拉合尔周围，这种砖窑通常形成郊外一个显著的特征。但在塔里木盆地，极度干旱的气候使得土坯的使用更流行，这种砖窑实在非常少。[1]因此我倾向于把楼兰遗址的

1　和田地区从热瓦克到安迪尔，我没有见到一个老遗址有任何砖窑的痕迹。但在所有这些遗址中，燃料在古代一定很丰富。

这个老砖窑看作是另一个重要的迹象，那就是中国对这里的治理所产生的重要影响。

随着这些调查的完成，现在在此遗址所能做的一切结束了。我在此以前曾派拉姆·辛格和两名罗布里克猎人出去探察，在搜索范围内没有发现任何其他建筑遗迹值得发掘，这使我能够安排活动计划。12月28日傍晚，回填好废墟 L.B.I~V 后，从西北方盐泉返回的骆驼也按时到达，我感到一阵轻松。在如此艰苦的环境中连续11天不停地忙碌，刚好完成我们的工作任务，但也几乎达到了所有人的承受力极限。回想起他们所患疾病的情形，整日整日地暴露在冰冷的寒风之中，白天干着繁重的工作，夜间无以避寒，定量供应的水不足以解渴，这一切是怎样影响着他们啊。我们指望从盐泉获得供水，结果希望落空了，而我们贮存的冰也所剩无几，仅此一项就足以迫使我不情愿地放弃任何扩大调查的希望。我不得不暂且放下沿我推测曾通往东方的古代中国之路进行调查的计划。是返回到有水的地的时候了，进一步调查的计划留给将来去实现。1914年冬，带着这个愿望，我又回到了这个死一般的沙漠地区。

第八节 楼兰遗址的汉文文书

在这一章的前面部分，我已努力记述了所有有关我在楼兰遗址现场发掘和调查的情况，以及后来对所出文物的考证。我还要回顾一下从此古代居址发现的汉文文书中所能搜集到的有关此古代居址的资料，并阐明汉文史料可能提供的有关其性质和起源的证据。

首先"衙门"L.A（东组遗址）附近古代垃圾堆发现的大量汉文文书及文书发现的地点，点燃了从中可能搜集到具有重要历史意义资料的希望。这个期待被沙畹先生的翻译证实了。他仔细、清楚地翻译了除最破碎和最模糊的文书之外的所有文书，从而使非汉学家也能理解它们。我对此项很有价值的帮助和对沙畹先生甚至在出版前就慷慨地交给我随便使用而深表感激。因为这些文书相当古老，且通常是用非常潦草的手写体书写的，不仅大多保存得很差，而且太过碎小，内容充满难懂的行政琐事，这一切都使判读成为一件非常艰难的工作。只有在沙畹先生对这些文书进行详尽处理后，我才能尝试了解一下它们透露出来的有关该遗址的历史性质和当地情况。

首先，大量文书的性质确定地支持这个由考古证据得出的观点，即最重要的废墟L.A是一个军事基地，由古代中国军队驻守，以守卫从甘肃西缘的敦煌到塔里木河以北主要绿洲线上的重要古道。我们从中看出古代中国首次西征中亚就是沿这样一条路线进行，它大约开通于公元前110年，通过敦煌以西沙漠到楼兰或罗布地区，而且这条路线在整个汉代都在使用。但重新回顾一下这些话，我们现在将看到文献本身不足以确定这条路线的确切走向。尽管考古证据充分表明楼兰遗址位于这条沙漠路线的西端，但文书证据的确认对解决如下重要的疑问还是特别必要的：更东面极端荒凉的沙漠景观，必定令人对古道从此通过这个认识的正确性生疑。

从汉文史料告诉我们的一切，以及至今尚未改变的广泛的地理事实清楚表明，古代中国治理塔里木盆地时期，对中国商人、行政官员和士兵而言，最为重要的总是这条沿天山南麓从库尔勒往西到喀什噶尔的大道。就是通过这条道路，即北路，也就是史书中的"北道"，最初随着中国的力量进入中亚，大量丝绸输送到费尔干纳或大宛，然后进入古代索格迪亚那和巴克特里亚。保护这条伟大的贸易之路，抵御匈奴及其天山以北游牧部族的侵袭，是古代中国治理塔里木盆地的主要目的，也是古代中国在西域设立行政机构的主要目的。

看一下地图就会明白，到那条绿洲道路最短的路线，就是从中国甘肃边境上的最西部农业区敦煌，沿库鲁克塔格山脚，经罗布沙漠过楼兰遗址，然后到达塔里木河转向东南流的拐弯处。但现在从塔里木河的这个拐弯处到敦煌—若羌商道上最近的井之间，即使是按最直的路线走，也要穿过240多英里完全无水的沙漠。而这种情况即使对于今天的商队而言，要完全利用这条古道也是不可能的。

在汉代及其以后的一个世纪，库鲁克达里雅的存在，就像它解释了楼兰遗址的存在一样，消除了此道路西半段用水和放牧的困难，这是事实。因为在那里，古道无疑是沿着这条当时有水的"干河"的河床通到营盘。1915年我在那里找到了同时期的废墟，从孔雀河很容易到达那里。但对于这条古道的东半段，在楼兰废墟和敦煌商道上的库木库都克井之间有120多英里完全无水，像现在一样，在古代这段地方必定是一道严重的屏障。只有到1914年我调查时才发现确凿的考古证据，证明这条古道事实上的确通过这个最可怕的、全无生命的盐碱沙漠。同时，假使这个事实没有被从楼兰遗址发现的文书如此清楚地证明，我们将难以相信，使中国的贸易和影响远达西方的先驱们，竟是使用这样一条通道。

曾经有水和生命的三角洲后来变得干涸起来，导致古楼兰遗址所在地区自然环境发生变迁。这种变迁是如此显著，而且如此具有广泛的地理学意义，以至于我们很有理由要对大量署有精确日期的文书深表感激。这些文书使我们能够准确地确定此遗址居住的年代下限。沙畹先生分析过的文书中，有不少于15件署有年代，相当于公元263—270年，而且都在L.B.II（西组遗址）或这个"衙门"边的垃圾堆中发现。只有两件，分别相当于公元263年和264年，上面的"年号"是魏朝末代皇帝的，其余的都属于公元265—270年，即西晋开国皇帝武帝在位初期，即泰始年间。我们从《晋书》中知道，他在三国时期的帝国内部纷争结束之后，在西域建立了古代中国的最高统治权。至于斯文·赫定博士发现的文书，根据赫尔·希姆利的初步报告，上面的日期似乎也在公元264—270年之间，我们可以可靠地作出结论，这是沙漠道路和守卫其西头的军事基地交通特别频繁与活跃的时期。

《晋书》的记载证明，整个武帝在位年间（公元265—290年），中国内地都与西域保持着持续的政治关系。书中多次提到在公元270—287年间，有大量使节从中亚各国甚至远达大宛（费尔干纳）和康居（撒玛尔罕）前来朝贡。我们还从书中知道，公元283年鄯善或罗布王遣子入侍。武帝之后，这种关系据说就完全终止了。但古代中国对楼兰遗址的影响并未随着武帝统治的结束而终止，我们的文书中有两件记载的年代相当于公元312年和330年。所说的最后那件是一块木简，发现于L.A.I，记载着给某位胡人付钱之事。

值得注意的是，最后那个年代的记法很重要，它传达出一个清楚的信号，那就是遗址的最后废弃离它不远。这年是建兴十八年，建兴年号的使用始自公元313年。但由于这个年号与晋代最后一位影响中国北方的皇帝的统治一起结束于公元316年，显然，如沙畹先生所正确指出的，这个小军事基地到那时已完全与帝国中央政府断绝了联系，是完全靠自己来维持的。只有这样，在隔绝的状态下，这个哨所才会继续使用这个过时的年号，却根本没注意到这个年号已被废弃了16年之久。

然而，处于行政隔绝状态中的并非只此一地。大量重要观察表明，这种隔绝也影响到塔里木盆地尚存的其他古代中国军事驻地。楼兰遗址不只是一个偏远的哨所，它位于一条重要的交通线上，因为"衙门"附近的垃圾堆提供了4件文书残件，它们是直接从"西域长史"发出或发往"西域长史"的。"西域长史"是古代中国政权在塔里木盆地的最高代表。有一件文书写着长史得到并转寄一个命令，让某官员于指定之日出发，前往某个地方。这个地方我们可以认出，它位于甘肃。遗憾的是"年号"缺失了，木简也不完整。因此，不能确定这个命令是源自帝国的中央政府，还是源于公元4世纪实际作为独立诸侯统治甘肃西部的张氏家族的某地方首领。另一件木简残片，只是一块"薄片"，它任命一位官员为"西域长史文书事郎中"。第三件提到"大将军右长史（名）关"。我在前面已经提到，保存完好的矩形简具有考古意义，它肯定曾盖着一个装有官方报告或诉状的小盒，上面以通常方式写着："因王督致西域长史，张君坐前，元言疏。"从盖的形状和大小判断，文书本身很可能是写在木片上，且可能已被此高官大臣拿走了。但这个盖子被扔进了"废纸篓"，上面写着过时的年号，留以向我们证明该官员从此通过。

另一件重要得多的文书很可能是因类似原因而残存下来。除一些木简外，这个发现还包含一份起皱但完整的纸文书，包含西域长史李柏寄给焉耆或喀拉协亥尔王的草拟信稿。《晋书》在有关公元324年发生的几个事件中，提到了同一个人物。信的要义是安排与焉耆王的一次会面，这表明李柏是在前往塔里木盆地途中写的。除了与后者有关的一些残片，在同一地点还发现了该信稿的一个副本，这表明李柏的信很可能就是从楼兰驻地发出。因此，可以有把握地作出结论，穿过沙漠和经楼兰遗址的古道在那时仍在使用。

保存得较好一点的是一封纸信，信中以准半官方的形式报告了解决某些高官的调动这类行政事务。一件文书提到某次军事行动，报告一支军队调到可能很远但现在还不明确的地方，另一件文书则报告从某烽燧顶上观看到的一场战斗。但大多数官方记录只是些从办公室扔到垃圾堆中的"废纸"（即木片），所记只是说明了那些人的职责范围和性质。我们清楚看到，他们的工作主要与某个中国军事基地的食品供应、军队和可耕地的维持有关。这个军事基地是用来守护和保持某段最早连接中国和中亚的大道畅通的前哨基地。然而记录的这些非常琐碎的行政事务却表明它们具有显著的历史意义。因为它们详细反映出了实际的组织机构，这个机构在中国越过中亚的政治扩张过程中起过重要作用，并显然曾有助于使这种扩张在广阔而巨大的自然障碍面前维持数世纪。

大多数文书是当地谷仓官员关于谷类的储藏和发放的报告和命令。大量木简提到主簿人员和其他官员，它们表明了有关此仓物资供应的对象和相关物资的供应量。它们也表明采用了详尽的管理制度，如必须出示要核对的存货清单和确认发给的序号或收据的那些人的名单。文书的详细叙述中，记录着给每个士兵、小职员等，或小分队的配给。据此，我们得知批准给每人每天的谷类定额。有一件文书内容很长，介绍了保存和核对粮食配给账目的方法。

除当地要塞的供应物资外，还提到给过往官员和其他人员提供供给。因为这个拓居地位于并不适于持久耕作的三角洲，资源有限，供给方面遇到了困难。关于这一点，我们在一些文书中得到了明确的证明，在这件文书中领受者被指示"今权复减省督将吏兵所食条所减"。另一枚残木简，命令"宜渐节省使相周接"。

沿贸易大道的交通提出的供给要求，一定使最初意在使当地这个军事基地保持自给倍加重要。我们从《汉书》知道，从最初中国军队进入塔里木盆地起，军队不仅要保证控制其掌握着的要地，还要变成屯田士兵，以使他们能够在那里坚持下来，这就是中国采取的基本政策。我们在楼兰遗址出土的有关农业活动的文书中，发现了明确的证明，表明了为此目的所作的有系统的努力。例如有的文书记录着不管是已灌溉和待灌溉的，还是尚待开垦的土地的分配情况，所记的是某指定屯田部队的耕作情况。文书中还有一些内容：有关播种等的特别命令；一位主管农业劳工的官员，即督田掾；特令某部长官给北河[1]的一项田进行灌溉；命令大量种菜以作冬储；锄头、铲刀、锯子（即耜、大钻、斧、锯——译者）等的存货清单，明确证明进行这些活动所用的农具是从一个中心仓库发给士兵的。在一件文书中有一个名称是"胡锄"（即胡耜——译者），很可能是叫作"砍土曼"的广肩锄，这种工具现在被塔里木盆地当地的农民所使用，汉族农民对此却很陌生。

拓居地必须对灌溉用渠道和堤堰进行适当的维护，这个重要性不必特别强调。我们在好几件文书中发现了有关这方面的证据。在一件文书中，提到了水曹请绳。水曹，相当于今新疆绿洲中的米拉卜伯克。一个报告一条渠堤的情况说，这条渠堤有6处缺口，渠水溢出。这个报告恰当地说明了总是威胁着新疆河流下游三角洲农业的危险。另一方面，提到有501人正在对渠堤进行修复，这表明应付这次危机的劳力资源不是完全无关紧要。还有一件文书，记载着将负责监视某堤坝的某士兵请回。在另一件文书中，我们看到了与同一块三角洲情况有关的另一次危机，其性质和缘由与这次完全相反。在这封信中，自称为"水曹助理"（即从掾位——译者）的赵辩报告说，大队保护人当夜已过城南，并报告说于某日找到了水。情形似乎是那时因为河道转移，水源干涸，某地区的河岸丛林变得不能用来放牧，因此不得不将这些人派到

1　北河，按字面上的意思，是"北边的河"，很可能是古库鲁克达里雅某北支上的一个垦殖区的地名。

一定距离的地方去寻找充足的水源。

文书表明，主管这个拓居地的那些人虽然采取了和平优先原则，但并没有完全放弃军事性质。它们包含有关于武器的报告，例如弩或刀剑不能再用了，以及关于备作甲胄和头盔用的皮件，关于用来铐牢战俘用的黄铜铐的报告。大量存货清单的记录等，提到了药品，似乎来自某军用品店店主的办公室，后来的发现物则表明了敦煌边境沿线士兵实行着医疗保健制度。值得注意的是，在大量指明单个士兵的实例中，我们发现他们被描述为"胡"，所有那些精确指明族别的士兵，族名都说成是"大月氏"，即印度—斯基泰人，这些具有一定的历史意义。我们可以有把握地推断，这个军事基地和可能也在其他更重要的西域要塞的中国军官雇用的雇佣兵，相当比例是外族人，在中国人看来，他们的优点在于他们是匈奴世仇的后裔。

《汉书》的一条著名记录告诉我们，"大月氏"即印度—斯基泰人，是怎样被匈奴在公元前2世纪从南山平原先驱赶到索格迪亚那，然后又驱赶到奥克苏斯河中游的古巴克特里亚，最后到吐火罗国。《后汉书》记载他们势力范围的主要位置就是这些地方，而事实上他们建立贵霜王朝之后又征服扩张到兴都库什以南并进入印度西北部。我们对大月氏统治奥克苏斯河中游直到白匈奴或埃夫塔里特公元5世纪初期来到这段时期的情况知之甚少，因而对公元3—4世纪古代中国人继续以半过时的方式称为"大月氏"的那个地方的民族的种族组成，不能作出明确的评价。无论如何，有些事情则是很清楚的，那就是，只要天山北部匈奴的侵入还在不断危及塔里木盆地北缘绿洲和通往那里的大道，中国人以其政治上的睿智就不会认识不到从因同样受到匈奴威胁而显得可靠的强大西邻招募军队的好处。考虑到塔里木盆地的人似乎具有不好战的性格，然后和现在一样，考虑到好像源于《后汉书》证明在"西域"是如此频繁的那些国内的阴谋和对抗的复杂情况，这个权宜之计事实上自然就形成了。这种制度建立起的传统似乎一直持续到晋代，甚至到来自匈奴的危险被削弱以后，并充分解释为什么会在如此遥远的东方出现印度—斯基泰人的雇佣军。应该注意的是，我们在尼雅遗址发现的大致属于同一时期的汉文文书中，也见到"大月氏"出身的人。

在楼兰基地残存下来的文书中，只能间接地追踪到古代中国中亚政策的一些证据。它们提到的军事事件主要是关于个别士兵的小事。如一位军官严重失职而遭受惩罚，因他未与某不幸的士兵相伴，致使该士兵落水溺亡；一名胡兵带来的口信，以作为预先的通知。从其他文书中，我们得知有人途中逃跑，有关于某胡兵装备的详细报告，包括一件毡衣等。

无论如何解释，我们发现那时几乎没有经此基地进行贸易的迹象。

保存下来的私人信件提供了有关向东和向西持续交往的证据，这在某种程度上补偿了贸易文书的缺乏。值得一提的是，所有能够可靠地被认出为私人信件的文书似乎都写在纸上，出现这种情况，一方面是因为这种新的书写材料用起来更方便，另一方面是因为私人信件不必像公函那样需要长期保存。一封署为公元312年的信，写信人提到从玉门关出发。玉门关位于前往敦煌的道上。另一封信的残片，提到了敦煌的贸易情况。还有一封残信，是留在东边的某人写给前往西域的旅行者的。

当我们再转向显然是写自西方的信件时，有趣地发现它们一再提到焉耆的事情。一个叫玄的焉耆土人，给两位做官的朋友带来相当详细的消息，消息说出了某些高级官员包括长史的行踪。一则报告提到了一些牵涉到焉耆王臧的政治事件，也提到了龟兹。有一件文书记载的是一则开战宣言。纯属个人内容的私人信件中，有一件特别有意思，因为它很完整，发现时还保持其原形，卷起来准备寄出。信中，一位西行旅途中的未婚年轻女士，给留在后面，也许是在楼兰遗址的叔父寄去消息和祝愿。另一件较大的文书残片里，表达了一种更可怜的情绪，它包含一位妻子流露出对不忠诚的丈夫放荡行为的抱怨。

我之所以将包含有楼兰之名的文书留到最后才谈，是因为它们对下一章要讨论的有关遗址原名的这个问题具有重要意义。有一件文书特别重要，因为它表明楼兰之名在公元3—4世纪很有可能用于废墟 L.A 所代表的军事基地，虽然不是绝对决定性的。在这件文书中，一位下级军官谦恭地向上级报告道："文书前至楼兰拜还守堤兵廉。"显然，我们在这件文书中得知一种半正式的"暗示"，藏存那件文书的地方可能相当于楼兰，即那封公函所寄往的地方。另一件文书对这个结论给予了一定的支持。它是一份申请，是一个叫"白疏恽"的楼兰土人提交给一个姓张的会计的，在 L.A.VI.ii 发现的其他文书中似乎也写有这个名字。另外必须加上斯文·赫定博士从 L.A.II 发现的提到楼兰的4件文书，这4件文书赫尔·希姆利的论文作过简要论述。其中两件，似乎是将楼兰作为收信的地名。

第九节　楼兰遗址出土的佉卢文文书

在描述从楼兰遗址数目众多的废墟发掘出的佉卢文木简和纸文书时，我已经有机会提及这种发现所具有的特殊历史意义。这些发现物的出现频率，和我当场对它们的外观和显然性质所作的观察，似乎证明了我当时作出的重要结论，即从尼雅遗址文书中发现的同一种印度语言，在那个早期时代同样也被罗布地区的政府机关和商人正式使用。

考虑到从和田到罗布淖尔的距离遥远，这种印度文字和语言一并传播到塔里木盆地最东端的这个推测就产生了新的问题。在和田地区，官方使用这种印度语言和文字似乎是可能的，因为当地的传说至少是部分地证明了这一点。在玄奘《大唐西域记》和吐蕃文《李域史》中，都记载了当地的这些古老传说。《李域史》还提到早期印度移民是当地人口的一个重要组成部分。但在如此遥远的东方，在中国这个特别的门户，同样使用一种外来语，这个解释的充分性可能尚有疑问。

在现有历史资料不足的情况下，不可能断言对这个问题较好的解答，是否可以从佛教的传播中找到。佛教的传播可能将流行于印度西北部的语言和文字一起带过来，在塔里木盆地广泛应用。也不可能断言，之所以采用与贵霜时期印度河流域所流通语言密切相关的印度俗语，我们是否应该认为是由于印度—斯基泰势力那次临时越过帕米尔而扩张到这里时所留下的影响所致。我们从中国的佛教传说中，模模糊糊地捕捉到有关印度—斯基泰人那次扩张的一些情况。但鉴于所提问题的重要性，我觉得对如下事实更感满意：拉普森教授从我1909年回来后，已对楼兰遗址出土的佉卢文文书做了仔细考证，完全证实了我当场首次对这些文书的语言和特点所提出的推论。

拉普森教授非常热情地向我提供了这些文书的内容摘要，具体展示了他到1916年12月所释读的主要成果，证实了它们在特征、语言、措辞和其他方面与从尼雅遗址的废墟中大量发现的佉卢文文书完全一致。正如在尼雅遗址一样，我们在楼兰遗址发现有各种契约、信函、官方命令、清单之类，用相同的早期印度俗语方言表达，抬头的颂语中混合着奇怪的梵语词汇。风格、语音和拼写方面的特性表明，两个遗址文书所属的那个时期，从和田到罗布的大臣无疑遵循完全相同的标准。如果不是大多数的话，我们在楼兰遗址的文书中碰到的许多人名，也在尼雅文书系列中存在，

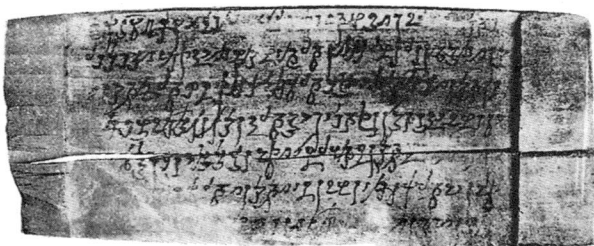

图 52　矩形木简，写有佉卢文文书

虽然这当然不是意味着个体的相同。就像在尼雅系列中，我们发现许多人名明显源自佛教或印度，例如阿难陀犀那、跋提沙摩、毗摩耶、菩达迷多罗、达没那钵啰、Kumudvati、布没那德伐、凯罗伽、Rutra、苏迦陀、伐苏德伐，与其他似乎是当地的名字并行出现，例如卡利耶、迦波吉耶、迦利、吉波沙、元老、啰波弗多、马提那耶、波蹉耶、波卡耶、尸伽那耶、祭司、耽未凯、伐比耶。官衔都伯（州长）、古斯拉（军侯）、御牧、司土在楼兰和尼雅文书中都很常见。

　　有一枚矩形双简，与从正式文书中观察到的统一惯例一致，准确地以帝王的年号署明日期。但只在图52中，在位的帝王名字能够确切地辨认出来。这枚木简涉及一桩土地转让，是一个叫施伽伊陀的人将土地转让给一名叫柯犀那耶的妇女。这位统治者被称呼为大王安归迦天子。他的名字和称呼使人奇怪地回想起尼雅遗址发现的两枚矩形木简日期中提到大王侍中安没瞿迦天子。考虑到上述关于以尼雅为中心的精绝并属鄯善或罗布版图，这促使我假定，两个遗址文书中提到的那个统治者可能是同一个人。

还有一件文书相当重要，它包含一份契约，记录着一个居住在卡尔马丹那（Calmadana，且末——译者）、名叫"凯摩伽"的克罗来那（楼兰——译者）人，将一块地及其全部所有权出售给买主耶钵笈（yapġu）[1]和他的儿子们：啰波弗多、布没那德伐、达没尼啰和达没那钵啰。该地被描述为位于克罗来那，"在大城之南"。这个地名，在该遗址出土的另外两件文书中又被提到，只是拼写略有不同。这两件文书中，我相信有一件中的地名可以认为就是克罗来那。撇开其余尚未被完全解读的内容不论，我们能准确无误地推论，如拉普森教授自己已充分认识到的，这里的克罗来伊那或克罗来那就是发现信件的地方，即楼兰遗址。

这一名称并不局限于废弃的基地 L.A，也同样用于周围地区，第三件写有此名的文书说明这是很有可能的。这件文书就是楔形

1　似乎不难将"Yapġu"这个名字与古代突厥侯爵头衔"jabġu"联系起来。"Yapġu"也在尼雅遗址木简中作为人名出现，如木简 N.xviii.1，N.iv.3、6、29.a。"jabġu"这个头衔在汉文史籍中称为"翖侯"。这个头衔（希尔特教授最先认出它的源起）公元前 2 世纪时已在匈奴人中使用，也被证明在大月氏定居奥克苏斯河地区时用于称呼大月氏的头领。类似的这种给人名加上尊衔的用法，在印度很普遍。

双简，是写给御牧马提那耶和沙门阿难陀犀那的，传达国王关于将克罗来姆那（Kroraiṃna）的左罗伽的农田以及属于那里的一名女子交给某迦拉施达的命令。最后一件文书发现于废墟 L.B.IV，而这个废墟离古基地 L.A 足有 7 英里远。仅此事实，就足以说明克罗来那（Kroraina）[1] 有一种更为广泛的用法，并且包括了整个废弃的聚落。从同一房子发现的另一件文书间接地加深了我的这个印象。这件文书的内容是，沙门阿难陀犀那必须在 L.B 实际居留一段时间，大概是在执行国王的命令。有一枚矩形双简是一封信，这封信本身很有价值，是监察和他的妻子阿檀史耶写给他的父亲军侯列施梵那和他的母亲鸠韦丹若的。在信中他们告诉父母好消息说，阿檀史耶已安全生下一子，并在提到某波尼迦那送来的几条消息后，告诉他们沙门阿难陀犀那打算去看望他们，他到时，请予以特别关照。考虑到这封私信和委托沙门阿难陀犀那在克罗来那执行国王正式命令的楔形双简是从同一废住宅 L.B.IV 发现的，似乎可以可靠地推断，古聚落西面的这个地方也包含在克罗来那里面。

前面记录的证据表明，在 L.A 发现的汉语文书中，废弃的军事基地称作"楼兰"。另一方面，下面讨论的汉文史料已完全清

1　Krorainṃa 这个形式只是 Kroraina 书写上的一种变异。插入的辅音 Anusvāra 并没有任何语音上的原因，元音 Akṣara 后面紧跟一个鼻音，这在整个文书中经常出现；如用 Khotaṃna 代替 Khotana，jaṃna 代替 jana 等。

楚地表明，这个名称也有一个较广义的用法，原指位于塔里木河末端沼泽以北古道上的罗布地区。显然，"楼兰"这个名称，在张骞的报告（有关塔里木盆地的最早的汉文报告）中已经出现，一定是对固有地名的音译。考虑到所指地方与克罗来那（Kroraina）所指相同，我试图认为这个名称的原形是佉卢文文书的克罗来那（Kroraina）或克罗来伊那（Krorayina）。鉴于半元音 r 在汉语语音体系中无此发音——通常被替换为 l，如果我们考虑到所有外语名称翻译成汉语读音时的困难和唐代所做尝试以前完全没有任何转写原则，用"楼"（Lou-）代替"克罗"（Kro-）是所能想到的最接近的一个音了。同样地，"兰"（-lan）的发音可以认为与"来那"（-raina）或"来伊那"（-rayina）是相当接近的。

第十节　汉文史料中的楼兰遗址

现在我们该去考虑汉文史料中的那些记载了。这些史料要么能说明楼兰遗址的起源与性质，要么其本身可从调查获得的考古证据得到说明。它们关系到罗布地区的历史概貌，通过罗布地区的古道对于古代中国的贸易和影响力扩展到塔里木盆地所具有的重要性，我们将不必重新回顾。但是，有必要考虑到它所产生的结果，如果我们准备合适地解释与此遗址直接相关的历史记载的话。我们看到《汉书》最早记载的楼兰和从公元前 77 年以后的鄯善，所表示的地方是整个罗布地区。它的政治中心似乎位于南边，至少从刚才提到的时代起位于南边。而对古代中国贸易和政策最重要的地区则是北边，即库鲁克塔格山麓和末端塔里木河沼泽之间。从敦煌到塔里木盆地北缘绿洲的最直接路线通过这一地区。

《汉书》尽管相当详细地阐述了有关楼兰及其所发生政治事件的情况，但没有给我们提供任何有关经楼兰东北部重要古道的精确路线的线索。因此，直到我1914年的探险确定白龙堆的位置，并第一次接触到古道最早开通始建于干盐湖西可居地的中国古代兵营时，才证明它最初是通过楼兰遗址所示的地区。但不能说残存于那里的任何遗迹都属于西汉时期。

《后汉书》中关于鄯善的报告，缺乏有关楼兰遗址和通过那里的古道的详细资料。但从班勇（班超之子）这位著名的将军约于公元119年向朝廷提出一个建议中我们发现，古代中国在楼兰建立屯田，起码在某种程度上预示着，它表示的位置很清楚相当于废弃基地 L.A。遣西域长史将500人屯楼兰，我们被告知，这将"西当焉耆、龟兹径路，南疆鄯善、于阗心胆，北扞匈奴，东近敦煌"。建议屯田的目的是为了保护从敦煌经罗布沼泽以北到喀拉协亥尔的干道，保护它不受当时占有北边吐鲁番的匈奴的袭击，同时对鄯善或罗布地区的统治者进行必要的控制。看一下地图便知，这段话所表明的位置，与楼兰遗址所处的位置是多么精确地一致。

与屯田有关的这个建议中，有两点值得在此特别一提。一方面，我们看到准备屯田的地点位于鄯善北部但仍在鄯善范围以内，因为后面有一句话特别提及鄯善王将得到那支朝廷驻军的保护和鼓励。另一方面，很有趣很重要地发现"楼兰"一名，在它更名为"鄯善"后近两个世纪在汉文史料中再次出现时，是以一个地名形式出现的，即为罗布地区的称号。楼兰遗址发现的文书，特别是佉卢文文书，提供了充分的解释。楼兰，克罗来那是古库鲁克达里雅三角洲最东面可居地原来本土的名称，班勇的屯田就设在那里。在古代中国将其更名为"鄯善"后很长一段时期，它仍然被当地用作整个罗布地区的名称。考虑到楼兰即克罗来那是罗布地区最东面的有人居住区，"最近汉"，以及后来对西去的大道具有最重要的意义，就很容易理解，为什么中国最早使用此名时是指整个罗布地区。

班勇的建议并未立即执行。但四年后当他被任命为西域长史时，他就是在楼兰于公元124年得到鄯善王的服从，接着又得到龟兹王和其他各王的服从。以楼兰为基地，他后来攻取了吐鲁番并在鲁克沁设立屯田。我们没有被告知是否这种屯田也在楼兰设立。但考虑到它处在最短和最安全的交通线上的重要位置，很难令人相信治理楼兰的古代中国能在东汉这么长的时间里放松在塔里木盆地保持一定的政治影响。

东汉衰亡之后，三国将我们带到残存的楼兰文书和其他遗物所属的时期。汉晋时期的史料中发现的有关楼兰的资料，可能因此具有特别的意义。它们被包含在《魏略》有关"西域"的残卷中。《魏略》是鱼豢编著的一部著作，涉及的事件属于魏朝最先两个君主执政时期。我们已经重复了利用该书提供的有价值的地理学资料的理由，沙畹先生决定性的附有注解的翻译使我们得以很方便地利用这些材料。

《魏略》所载为我们的探索展现了特别意义，它努力地对那时认为从敦煌到西域的三条路线作出明确的地形学指示。因为我们还将重复地提到这段重要的话，将沙畹先生的译文全部抄录于此是合适的，虽然我必须将我在这里的评论限于与经楼兰的古道直接有关的那些点上。

从敦煌玉门关入西域，前有二道，今有三道。从玉门关西出，经婼羌转西，越葱岭，经悬度，入大月氏，为南道。

从玉门关西出，发都护井，回三陇沙北头，经居卢仓，从沙西井转西北，过龙堆，到故楼兰，转西诣龟兹，至葱岭，为中道。

从玉门关西北出，经横坑，辟三陇沙及龙堆，出五船北，到车师界……高昌（喀拉霍加，Kara-khōja），转西与中道合龟兹（库车），为新道。

这里我简要报告一下对《魏略》所述的南道、北道，以及对描写为南道、北道始发地和中道始发地的玉门关的调查。我后来的调查证明，这个著名的边防关口，当涉及影响西域的事件时在中国史书中常常被提到。汉代时它位于敦煌以西沙漠中古代中国边境上的某个地点。《魏略》所述的南道就是仍从敦煌沿昆仑山的最北部主山脉——阿尔金山至若羌，然后经塔里木盆地南缘若羌的绿洲这样一条路线。若羌是一个游牧部落，居于敦煌和且末或车尔臣之间的山中，这在《汉书》中已记载得十分清楚。[1] 我们已经看到，《魏略》的下一段话给出南道所经地区是，自鄯善始，依次是且末国、小宛国、精绝（尼雅）国和楼兰国，它们皆被描述成鄯善的属国。[2] 我们不必再考证这个名单，像现在这样它主要是基于《汉书》中南道诸国的名单而形成的，也不必追踪《魏略》中至帕米尔（葱岭）和兴都库什以南大月氏国的那段遥远的延续部分。

北新道没有分散我们太多的注意力，因为它离我们现在所谈地区很远。沙畹先生已经说明，它就是这样一条路线:《汉书》中被描述为从车师后国（相当于今古城，古城子）至玉门关。这条路线是公元2年新开通的。

《魏略》记载的中道对我们的特别意义在于如下事实：它明确提到了楼兰遗址，几乎与发现于那里的文书属于同一时期，被称为"故楼兰"；它还详细描述了从玉门和长城最西延伸部分到楼兰遗址这条沙漠路线上的一些主要阶段。这些阶段的最后位置龙堆，

---

1 《汉书》对"南道"准确的起点的描写更精确，它说道:"出阳关，自近者始，曰婼羌。""阳关"位于今敦煌西南的南湖，以烽燧的一支南翼与玉门关相连。
2 很难决定是否在并属于鄯善的小国中分别提到的楼兰只是由于一种双重写法，即指改为鄯善的较早的楼兰名称，如《汉书》所载；或者是否我们应该认为是指鄯善地区北部，那里保留了楼兰这个老名称，如楼兰遗址的文书所证明的，而且也许它可能也享有地方自治权。

《汉书》称作"白龙堆"，是我在1914年考察途中首次确定的。当时我正在寻找中国故道的路线，结果发现了这个龙堆，它位于 L.A 基地西北约40英里。经白龙堆这条路线穿过结成盐壳的古罗布海。

《魏略》中的故楼兰就是指楼兰遗址。由于在《魏略》的编纂时期楼兰仍有人居住，我们可以假定"故"字被用于此名是为了将这个地方与一度也称作"楼兰"的罗布地区南部加以区分，前面引用的《魏略》南道上诸国的名单中，那个楼兰很可能就是指罗布地区的南部。仅仅要再指出的是，从故楼兰向西前往库车的旅人将会发现，不管是选择经库尔勒还是沿着塔里木河道上行，沿库鲁克达里雅河床前行都将是最近的路线，这正是《魏略》所描述的中道。

《魏略》以后的汉文文献我只接触到一本，现在能够找到里面单独提到了在楼兰遗址设立中国军事基地的记载。那就是郦道元于公元527年逝世以前某个时候编著的《水经注》，它具体表达了早期的情报。在对《水经注》中的一些句子进行分析时，我们找到南河的河道，即推想源自和田的塔里木河的支流，和与它汇合的车尔臣河的河道，注入牢兰海。然后该注有很长一段话沙畹先生没有译出来，论及"北河"，即喀什噶尔河和叶尔羌河，接着告诉我们：

河水［即（北）河］又东径墨山国南，（此国）治墨山城，西至尉犁二百四十里。河水以东径注宾城南，又东径楼兰城南而东注，盖墩田士所屯，故城禅国名耳。河水又东注于泑泽，即《水经》所谓蒲昌海者也。水积鄯善之东北、龙城之西南。

我认为，如果我们注意到最近调查和探险确立的事实，这里提供的地理名称就可以得到充分解释。墨山国，沙畹先生认为就是山国，《汉书》说山国与鄯善接壤。山国位于库鲁克塔格以西。根据《汉书》的记载，尉犁就是库尔勒西南的孔雀河地区。塔里木河与孔雀河河床之间的地方（文献显然没有区分这两条河），位于最西部库鲁克塔格以南。

河水又东"径注宾城南"，很容易令人想到它就是废弃的要塞营盘。营盘位于今孔雀河东去的支流北岸附近，那是库鲁克达里雅开始的大干河床。1915年我对该遗址的调查证明，在营盘发现的佛寺遗迹和一个古城遗迹，年代都在纪元初的几个世纪，它们属于中国的一个防御要塞，这个要塞一直延续到与楼兰遗址大约相同的时期。由宏伟的烽燧连成的线，从营盘向西北通往库尔勒，考古证据表明这些烽燧可以归属到汉代早期。这条烽燧连线十分确定地表明，从楼兰遗址开始的古代中国官道通过这里。这个要塞无疑是用来保护这条路与从车尔臣和若羌而来的那条路的重要交叉点的[1]，而且我认为它很可能就是"注宾城"。

紧靠营盘南面，是库鲁克达里雅明确的古河床，该河床向东延伸。我们分明看到了郦道元告诉我们的情形："（河水）又东径楼兰城南而东注。"前一章解释表明，我们从南边来时在到达楼兰遗址以前，经过了连续的古河床即库鲁克达里雅所有的三角洲支流。而它的北面，1914年考察时只碰到几条干河床，没有一条是很宽的。因此，郦道元提供的信息的准确性在这里也得到了地理证据的证实。

郦道元正文中的下一句话告诉我们楼兰城的情况对我们特别重要："盖墢田士所屯，故城禅国名耳。"为便于理解这句话，我们必须回到郦道元在其注中前面部分叙述的一则轶事，涉及南河经鄯善北之后的河道。

以下是沙畹先生所译郦道元故事的一则摘要：

敦煌索劢，字彦义，有才略。刺史毛奕表行贰师将军将酒泉、敦煌兵千人，至楼兰屯田。起白屋，召鄯善、焉耆（喀拉协亥尔）、龟兹（库车）三国兵各千，横断注滨河。河断之日，水奋势激，波陵冒堤。劢厉声曰："王尊建节，河堤不溢；王霸精诚，呼沱不流；水德神明，古今一也。"劢躬祷祀，水犹未减，乃列阵被杖，鼓噪

1　废弃的小要塞麦得克提木的位置表明，这条路通往今塔里木河主河床以东。麦得克提木的时代也追溯到汉代。

欢叫，且刺且射，大战三日，水乃回减。灌浸沃衍，胡人称神。（索勋）大田三年，积粟百万，威服外国。

　　我认为区分这个故事中的事实与想象并不是很难。显然，该传说知晓中国在无疑相当于楼兰遗址的地方建立屯田这件事，也知晓它的建立依赖于一项工作方案的成功，这就是通过拦河筑坝，以使楼兰地区获得足够的灌溉。郦道元称作"注滨"的这条河，是否就是指曾注入干涸的库鲁克达里雅河床的那条河，或是指塔里木河的一条主支流，来自那条支流的河水可能通过孔雀河或开都河补充到库鲁克达里雅，这是一个我们在这里不必试图考证的问题。考虑到在与罗布洼地一样高差很小的末端河盆中水文条件发生的巨大变迁，也考虑到历史和考古资料的缺乏，依我看来不能指望找到令人信服的答案。

　　但是，可以断言的是，郦道元所载关于那座拦河坝建设的传说，精确地描述了至今仍在全塔里木盆地用来保证灌溉的方法。这个方法就是依靠从平坦的冲积平原通过的河流，来保证河边地区的灌溉。巴楚大绿洲的主要灌溉用水，就是通过在上游两站地的叶尔羌河中修建这样一种拦河坝而提供的，每年夏季洪水期后，这个大坝还需要大量人力进行重建。在曾流到楼兰的古河床源头附近，我们发现了完全相同的情况，那里新近形成了铁干里克农业聚落，该聚落的存在完全依靠每年在任何一个可能是塔里木河主河道上修建的拦河坝或图格。[1]

鉴于冬季冰雪融化和春洪来临之间有限的可用时间和由于使用的原始建筑材料仅仅是泥土和柴枝，这种拦河坝的修建是一项重大的工程，要求同时雇用大量劳力，它通常超出了当地资源，特别是当拓居地还在初期的时候。因此，比较一下自阿古柏统治垮台以后中国现政府建立以来塔里木盆地实现的现代灌溉工程就很容易说明，索劢对邻近的鄯善、焉耆和龟兹的民工需求有多大。[2] 任何熟悉现代新疆"大众心理状态"的人，都不会对郦道元故事描述的当时大众把索劢的工程学壮举的成功，归于奇迹这个普遍性的想象力感到惊奇。沙畹先生早就吁请注意，它与《伊利亚特》中叙述的阿喀琉斯和赞瑟斯河之间的战斗惊人地相似。

郦道元的记载没有给出楼兰屯田建立的日期。但我认为有迹象表明他或他的资料来源将这个事件放在东汉时期。首先应该注意，《水经注》的校注者全祖望提出，此故事真实性值得怀疑的理由之一，就是东汉不存在"贰师将军"这个称号。显然，他一定有某种根据才假定这个故事所指或所暗示的年代。其次，作为一

----

1 1915 年我收集的情况表明，虽然塔里木河的末端主河道频繁变迁产生了困难，而且这一点比河水中所含盐度所产生的困难严重得多，但铁干里克仍保持着繁荣。1914 年，我听到阿布旦的罗布人抱怨在铁干里克上游新修建的大坝使塔里木河的夏季洪水不能流到他们的湖沼。

2 如此，我在马拉尔巴什被告知，前面提到的那座拦河坝的第一次修建能够成功，只是有来自喀什噶尔（喀什）和叶尔羌（莎车）绿洲的汉人带来的大队被强迫劳动的劳力的帮助。

个非汉学家，我可以有保留地指出，索劢这个名字和有关他的主要事实，与《后汉书·班勇传》告诉我们的这位著名将军的一个前锋很相似。在沙畹先生翻译的这个传中，我们读到在相当于公元119年的那一年，敦煌太守曹宗遣长史索班将一千余人屯伊吾，即哈密。车师（吐鲁番）前王和鄯善王皆前来向索班表示臣服。但是，数月后索班在匈奴与车师后部（古城地区）的合击中丧生。索班和索劢这两个名字的第一个字是一样的，同样他们都是从敦煌派出，带领一千人去建立屯田。所指屯田的地方的确不同，但每个故事中，屯田地点都分别位于敦煌以外北道和中道的第一个可耕区。有可能是某个历史人物的名称被编入了关于大概同一时期在楼兰建立屯田的当地传奇中，而这个屯田的建立者的名字却已不再为人所知。这个问题必须留给他人去澄清。

无论如何，我们对郦道元关于楼兰城和他关于楼兰城建立的故事的考证已经表明，他的信息来源知道有中国屯田的存在，位置就在我们发现楼兰遗址的地方，名称与从那里发现的文书证实为那个地方的名称是同一个。我们的考古证据证明，这个信息的大致年代距楼兰遗址的居住时代不会很远。

前面引证的郦道元的那段话，结束语中说到了河，即库鲁克达里雅的最后河道，只有这一点还有待我们去简单地考虑一下。那条河在经过楼兰城后，据说"注于泑泽，即《水经》所谓蒲昌海者也。水积鄯善之东北、龙城之西南"。1914—1915年我的探险明确证明，绕楼兰遗址而过的古河床，结束于更东面结有盐壳的大湖床西岸边的沼泽。这条大湖床在《水经注》和《汉书》中分别称作"蒲昌"和"盐泽"。

我那时的调查是怎样完全证实我们最早的汉文史料有关这个古代"盐泽"的范围和性质的，需留待我的详细探险报告去表明。这里我只提一提那些地理事实，它们有助于解释郦道元对蒲昌海的记载。如果我们考虑一下刚才引述的那段话末尾的那句"水积鄯善之东北、龙城之西南"，就会立刻发现其地理事实的重要。1914年我对楼兰遗址东北面所进行的调查，在我的《第三次探险》中作了概述。这次调查证明，传说的龙城毋庸置疑指的就是我发现从古代的汉人兵营（L.E）附近向东北延伸近30英里的、由风蚀土垒或台地组成的高大地带。这些台地侧壁陡峭，高达100多英尺，虽然造成这种地形的自然力相同，即都是风蚀造成的，但外观与常见的雅丹垄脊完全不同，且形成于更早的地质时代。龙城险峻的形状和奇妙的轮廓，不变地呈现出城堡、具备棱堡的城墙、佛塔之类的景象。

前面引用的那段话，指明了龙城相对于鄯善和接纳河水的"泽"的位置，接下来的那段话又对龙城作了描述，它们都证明这个台地区就是龙城。关于第一点，我可以指出，如果"水积鄯善之东北、龙城之西南"，那么后者必定位于鄯善即若羌—米兰地区的东北面。我们能够找到的、代表库鲁克达里雅支流的各老河床的末端，正是沿着结有盐壳的湖床，向西南延伸到柴鲁特库勒浅湖附近。郦道元提到的河流的终端沼泽就位于这个地区。

接下来的那段话中对龙城进行了描述，这段话同样使人信服：

> 龙城，故姜赖之墟，胡之大国也。蒲昌海溢，汤覆其国。城基尚存而至大，晨发西门，暮达东门。浍其崖岸，余溜风吹，稍成龙形。西面向海，因名龙城。

这里我们清楚地看到，"龙城"一名并非源自真正的城池的遗迹，而是源自一种醒目的自然构造。这是一种巨大的、排列着的高台地，这种土台地古代时必定给远行人以城的印象，就像1914年2月我们经过这里时它留给我们的印象一样。许多世纪以来，我们是第一批通过这个荒凉的、黏土和盐构成的荒野的旅行人，发现它们看起来的确像是某个极大的废城的城墙和宅邸。在郦道元的描述中，它的范围非常大，从一个城门到另一个城门要走一整天。这或者可能看起来像是想象的夸大之词，却充分证实了我们的这个认识。因为，1914年2月27日，我们花了一整天才走完中国古道穿过的台地带。我当时正确地找到了这条古道。我不能确定到底是因为哪一条黏土垄脊（如果有这么一条垄的话），才产生了所谓"龙城"之名。但奇怪的是我注意到，在这种地形的形成过程中，风蚀作用扮演了主要角色，倒像是一个正确的理解。

接下来，郦道元对龙城附近地区的自然特征进行了描述。这些描述使我们确信，郦道元所借用的有关楼兰地形学的原始材料，对当地的了解相当精确。"地广千里，皆为盐而刚坚也。行人所径，畜产皆布毡卧之。掘发其下，有大盐，方如巨枕，以次相累，类雾起云浮，寡见星日，少禽，多鬼怪。"

由于方向和测量界限没有明确指明，要核对郦道元所述这个地区的范围是不可能的。如果我们抛开郦道元的这句话不管，并适当考虑中国人现在仍像过去一样坚定地相信"鬼怪"的存在，那么这段描述的每一点，都得到我1914年10天艰苦旅行所做调查的支持。在那10天中，我沿着中国古道来到楼兰，其间我们穿过或绕过宽广的结着盐壳的海床。我们看到，坚硬的、起皱的盐壳，覆盖干涸的古罗布海的整个海底，中国内地通往楼兰的古道就从此干海床穿过或绕过。郦道元对此的描述完全准确。大的硬盐块和圆丘构成这个广大的、凄凉的宽阔区域的地表，下面是数不清的裂缝。这些硬盐块和盐丘正像中国古代文献对此所作的形象描述。过去在这种地区赶路到天黑的旅行者，显然习惯于采取在地面铺毡这种办法过夜，没有铺毡这种预防措施，即使强壮的骆驼，休息时也不能得到片刻安逸，更不用说其他什么牲畜了。不变的风吹过这些大荒野，特别是东—北东方向的风，携带着因侵蚀而产生的尘埃，使天空几乎全年都处在迷蒙之中，2月和3月我们曾在那里见识了这种景象。春末和夏季，带着浓厚尘云的冷风一定时常光顾这里。结盐壳的干海床及其周围绝无生命，这甚至对我们这些从楼兰绝地而来的人来说，都留下了惊人的深刻印象。

郦道元的注以如下有益的评论作结："（龙城之地）西接鄯善，东连三沙，为海之北隘矣。故蒲昌（海）亦有盐泽之称也。"我曾指出，"三沙"相当于"三陇沙"。《魏略》提到中道从三陇沙的北缘通过。三沙所指的地方，就是从敦煌出发的商道所穿过的高沙丘地带，位于拜什托格拉克东北不远。从这里向西到楼兰，明显是大罗布洼地的一部分，所见尽是由干盐湖和裸露的黏土构成的荒原，边上是库鲁克塔格缓坡。这个地区在郦道元的注中被正确地描述为蒲昌海的北缘，即古罗布淖尔沼泽的北缘。在郦道元所收集到的信息所属的时期，罗布淖尔沼泽还保持有水，至少是部分地方有水。这个沼泽地区在历史时期由于干旱的加剧而发生了相当大的萎缩。

第十一节　楼兰的废弃

关于郦道元以后的楼兰屯田，我没有找到任何汉文记载。我们知道东晋结束和帝国进入南北朝分立以后，两个多世纪里朝廷在西域维持主导势力的全部尝试都停止了。进入隋朝，古代中国对遥远的西域重又产生兴趣，隋朝官员裴矩在今称为"甘州"的地方收集情报，于公元608年写成《西域图志》一书。但他所记录的当时入西域的三条路线清楚表明，到那时《魏略》的经蒲昌海北过楼兰的中道已不再为人所知。[1]

这个否定的史料证据不能告诉我们这条路线的实际废弃时间。但我们可以可靠地假定，这个事件不会距楼兰遗址的废弃时间很远。我们幸运地得到明确的考古证据，使我们能够大致地确定楼兰遗址废弃的年代。古代中国在楼兰所建立的军事基地的废弃，发生在公元4世纪的某个时期，而且可能是在公元4世纪的第一个三分之一世纪以后不久，这个看法已得到如下事实的证明：在废弃基地 L.A 发现的大量有纪年的汉语文书中，只有3件属于公元4世纪，而且这3件中没有一件晚于公元330年。与此相反，在我搜集的文书中，有不少于15件的年代属于公元263—270年，另外斯文·赫定博士至少有6件属于这一时期的文书。同样令人信服的证据是钱币。在1906年和1914年的探险中，我从整个楼兰地区发现总计500多枚钱币。然而在这么多的钱币中，没有一枚是汉代和西晋以后所发行的。

尽管楼兰遗址废弃的时间和一度很重要的楼兰道的废弃时间可以认为由此大致确定下来，但我们现在不能够对废弃的直接原因作出可靠的论断。由于年代上的巧合，乍一看很容易把我们吸引到仅从古代中国对西域的治理中止中来寻找这废弃的原因（古

1　裴矩的中道是经吐鲁番、喀拉协亥尔和龟兹，因此毫无疑问，所到的第一个地方，与现在中国大路所到的第一个地方一样是哈密。他的南道是沿鄯善、于阗（和田）等这条线。裴矩所提到的这几条路线，如《唐书》中所提到的、古代中国对新疆恢复有效管理以后一直使用的路线是一样的。

检验合格

检验员 40

代中国中止对西域的治理发生在公元4世纪），以及从似乎伴随着中国停止对西域的有效管理而发生的、中国内地与西域贸易交往的大量减少中寻找原因。但是，这个假设本身就不足以解释，为什么公元7世纪中叶以前古代中国重新在塔里木盆地进行有效管理时，没有尝试重开楼兰道。敦煌和天山南麓沿线绿洲间最短的交通线，当然就是楼兰道。而且正如郦道元《水经注》所表明的，直到仅约一个世纪以前，中国人还清楚地回想起这条路线。

因此我们得出结论，楼兰道的废弃，一定与足够的供水消失这个自然大变迁有关。由于供水的消失，从而使现存的罗布沼泽和库鲁克塔格之间曾经的可居地，变成了现在在那里所看到的由风蚀土、盐和沙构成的生机全无的荒野。前面我们已经看到，用水困难在楼兰尚为中国要塞所占据时就已非常严重，因为在从遗址出土的一件文书和在郦道元的故事告诉我们的有关索劢屯田的事件中，都有用水困难的证据。

甚至现在也很容易认识到，库鲁克达里雅和依靠库鲁克达里雅供水渠道的干涸一定会给楼兰地区带来什么样的变化。但我们没有足够的材料能够确定导致干涸的直接原因是什么和干涸是以何种方式进行的。总的或地区性变干的加剧，即从所有注入孔雀河与塔里木河的水源供水的减少；由于某些自然的原因对所有三角洲产生着影响，使原先注入库鲁克达里雅的河水逐渐转移到塔里木河的南支；由于失去有效的管理、内部的动乱等，以前保证库鲁克达里雅有充分的水源的拦河坝等失去维护，所有这些和其他各种情况都可能足以导致楼兰地区发生巨大的自然变迁。但它们中实际发生作用的到底是哪一个还是一个问题，由于完全缺乏明确的记载，严谨的学者不能作出哪怕是或然性的回答。

无论如何，我对该废墟所做的一次观察表明，不管引起变迁的直接原因是什么，变迁并不是突然降临到这个不幸的居址。建筑得很好的大住宅 L.B.IV，得益于已板结的厚层垃圾的覆盖和保护。这一厚层垃圾说明，这个可能曾是当地显要人物宅第的建筑物，曾作为羊棚使用了许多年。这个使用情况表明，当时似乎还有人往来于此。这很好地说明了如下推测，即该遗址虽然不再适于耕作或长期居住，但是还保留着足够的植物和最少的供水，可以用作牧场。在尼雅遗址和米兰居址被废弃以后，有的废墟也有被牧民用作羊棚的迹象，这明显地支持上述推论。但生活的这种最后的延续，似乎也在唐代以前就从楼兰遗址消失了（如果发现的否定证据钱币和其他古物是可信的）。

第三章

重返米兰遗址

第一节　前往车尔臣河三角洲

1906年12月29日早上，我们离开楼兰废墟重回有水和有生命的地方。我将探险队分为两个独立的小组。大队民工由于长期的劳作和生活必需品的缺乏，早已疲惫不堪，按原路返回阿布旦，与他们一道的还有那些显得筋疲力尽的骆驼。测量员拉姆·辛格还在忍受着严重风湿病的折磨，不适于新的测量工作。我原想让他从事东面沙漠的测量，现已是不可能，因此我让他管理这支队伍。我自己则带上10只最适宜的骆驼和一小队人马向西南出发，以便穿过库鲁克达里雅干三角洲以外未知的沙漠区，到塔里木河的末端河去。我的目标是小遗址麦尔德克梯木。

经过7天艰难的长途跋涉，我们安全地穿过了茫茫的荒漠和高大的沙丘，最后到达由伊勒克河床连成一串的淡水湖边。前两天半所走的直线距离将近30英里，我用罗盘导引方向，向西南方前进，跨过一连串干河床，它们都是古库鲁克达里雅三角洲的组成部分。它们的方向，从东和西逐渐转向西北和东南方向，这表明它们是从主库鲁克达里雅源头分流出来的。这个源头大致位于楼兰遗址的西边。再向东和东南方向，这些河床与我们前往楼兰遗址途中穿过的古河道相连。最先的两条河床位于光秃秃的风蚀地上，非常清楚，弯弯曲曲。但当我们经过这两条河床时才发现，低沙丘地上铺满了沙子，使得这些河床洼地难以分辨。不过，狭窄的古河岸林带，相隔一定距离就看见平行排列的死胡杨和红柳丘，它们的连线清楚地显出一度散布于这个三角洲地区的干河支流的方向。

最初几天所经之地没有一处发现有建筑遗迹或任何其他居住的迹象。此外，光秃秃的风蚀地相当稀少，这当然也就减少了发现哪怕是游牧生活或过往交通所遗留下来的文物的机会。但在那里还是有一些发现，它们证明这个河岸地区在楼兰居住期曾被访问过，可能是被当作牧场。在126号营地附近，我们捡到一枚保存完好的五铢钱，从那往前约9英里，捡到一块中国铜镜残片，有装饰浮雕。这是发现的最后一件金属器，以后只发现过一件铜矛头残片。这件铜矛头片是在过了128号营地后约8英里、离127号营地约4英里处不期而遇的，那时最后的古代树木遗迹已抛在身后很远了。它可能是某个流浪到此沙漠寻觅野味的猎人带到那儿的，因为那个地方甚至在我们今天所能追踪到的最早的历史时期也一定全无植物。

在史前时代，无论如何，人类的居住显然延伸到包含还能找到的干河床的区域范围之外。因为与在我们前往楼兰遗址途中发现的那些原始的石器相同的石器，和可能是新石器时代的粗陶片，不仅在三角洲地区，也在127号营地和130号营地之间经过的荒凉的地上接连发现。然而，我们在那里极少见到木头，即便偶尔碰到一两件也已完全腐朽。据此判断，这个地区一定在早期历史时期就已变成了荒地。图53中展示有一件保存完好的石斧以及玉髓和碧玉质的石叶。

图 53　石斧和玉石

一过最后一道有死胡杨林的河边地带，距营地127号约4英里，就越来越频繁地碰到堆积沙丘的大沙脊，或称达坂。光秃秃的侵蚀地带很少见了，甚至它们之间宽广的沙谷也很难见到。如果说这些巨大的流沙堆中几乎没有留下发现史前遗迹的机会，那么它们还是有其准古物方面的意义的。它们不变地从北向南延伸，我以前从消失于塔克拉玛干沙漠的河流中获得了经验，认识到去辨识这种规则的方向的重要性。这种沙脊总是平行于深入这些流沙区的河道。在自然因素作用下，这些沙脊在方向上与阻挡沙丘移动的河流的方向保持一致，沙脊本身的形成间接地归因于此。[1]很容易明白，尽管我们仍远离塔里木河，但决定我们碰到的高达坂方向的，就是它的河道。塔里木河在铁干里克与车尔臣河汇合，在这个地方，这些河道大致从北向南延伸。

这些观察值得在这里一记，因为它关系到斯文·赫定博士提出的某些见解。铁干里克以南塔里木河现在的河道是一条古老的河道，抑或只是库鲁克塔格断水以后才出现的新河道？这里不是详细讨论这个问题的地方。但我可以指出，我们斜穿过一条南北方向的达坂，直线长逾46英里。就其在所述地段的总方向而言，

---

[1] 在塔克拉玛干沙漠中，我从一条河道走向另一条河道，总是垂直横过这种河岸达坂。虽然促使形成这些沙达坂的力量是风，它们的外形却不是由盛行风的方向决定的。这在位于车尔臣河河边的高沙脊中清楚看到，在那里，沙脊正对着从罗布沙漠吹来的占主导地位的东北风。只有在个别沙丘的形成中，风向起到决定性作用。

这清楚表明现在的塔里木河道十分古老。我认为如果塔里木河现在向南的河道若起源于最近，那么它的影响力似乎不可能在如此遥远的东边形成如此正规的达坂。

当然，我们没有办法去精确计量这些沙子形成的年代。但1907年1月2日，当在一条大达坂脚下扎下130号营地，我在其西脚观察到的现象，极大地加强了我刚才表明的印象。我在那里碰到了从营地127号以来的第一处死胡杨林，值得注意的是，我发现它们也明确排列成行，从北向南延伸。我以前曾有机会提到，塔里木盆地的野杨树有种不变的趋势，那就是成行地生长，且平行于最近的开阔水道，或平行于延续到它们那里的地下水沟。这里的死胡杨大多非常高大，全都倒伏在地，虽然它们的树干和主枝已经发白萎缩，但仍然显现出清楚可辨的特征。我能够看出它们枯死的时间一定比大约从公元4世纪尼雅遗址废弃以来在那里生长并枯死的胡杨长很多。这片小胡杨树林可能标志着塔里木河的一条古河道，它的位置离现在依来克支流河道直线距离不过16英里。

1907年1月4日晚上，在沙丘中艰难跋涉了7天后，我们终于见到了冰封的阔台克里克库勒湖，它是依来克河形成的一连串浅湖之一。为尽力避免翻越连绵的达坂的最高处，我们原定的直线前进方向不得不作出许多偏斜，结果竟意外地在麦尔德克梯木遗址以南沿依来克河走了一整天。1月5日，沿着冰冻的依来克河北行，全天的路程很好走。第二天早上，我们在库拉恰横过宽广、多沼地的河床，并找得一位老罗布里克渔民做向导。在他的带领下，我们向东北方行约2.5英里，翻过相当高的沙丘和有盐池的洼地，最后抵达他称之为麦尔德克梯木的废墟。废墟不大，是一个圆形小戍堡，防御土墙主要是用夯土筑成的，长满了繁茂的芦苇（图54）。紧靠遗址南面有一条干河床，据说三年前还有水。西北面是称作"麦尔德克库勒"的浅湖，湖里的水是从依来克河上的巴依尔库勒沼泽流过来的。在此小戍堡旁一扎下营寨，我当天就投入工作，仔细调查它的遗迹，立即就发现了其起源很早的证据。

图54　麦尔得克梯木遗址，自城墙南部眺望

圆堡由防御土墙组成，土墙虽然因潮湿而被严重毁坏，但仍能看出其大部分地方比现地面高出10英尺。土墙的结构很特别，似很古老。下面夯筑，每隔约1英尺插入一薄层红柳枝。这种墙基比现地面高5英尺，但由于它的墙脚不能被确定，原高度很可能要大一些。墙基的上面是土坯墙，高2英尺，然后是夯土墙，仍有约3英尺高，二者都用插入红柳枝层和胡杨木框的方法加固。防御土墙的宽度，顶部是14英尺，基部现在大部分覆盖着沙子，厚约29英尺。从土墙中心线量起，小堡垒的直径约132英尺。堡垒的门位于南面，因为那里有一个门道，宽6英尺，立着两排粗大的胡杨木柱，标示出门道来（它们是在我们清理土墙的南段时暴露出来的）。这些柱子每边4根，想必曾用来托着大门的门顶，也可能是用来固定其两侧的木头护墙。[1]护墙的顶部宽3~4英尺，保存完好，只有烧焦的墙头除外。烧焦现象表明这里曾起过一场火。但再低一些的地方，由于潮湿的影响，木头已经腐烂。按柱子的位置所示，通过防御墙的门道长至少23英尺。

城墙内部几乎没有沙子。靠近中心部位，恰在地表之下发现有一些枯萎的胡杨木横梁。但由于在其下方挖到约4英尺深时，就碰到了潮湿的沙子，显然，曾位于此的任何可能有的建筑物遗

1　建造这种门的方法，当时就从一个类似但保存较好一些的门得到充分说明。那个门开在我1914年发现的废弃的戍堡 L.C 的夯筑墙中，该戍堡位于楼兰遗址西南，二者时代相同。另一个类似的但更精致的门，发现于喀拉墩坚固的要塞或萨拉依。

迹都被完全毁掉了。城墙的东北段，部分地被一红柳丘的斜坡覆盖着，红柳丘比其现在的顶部高约15英尺（图54）。在安迪尔遗址，我们发现其南面古堡上也叠压着红柳丘，前面已对出现这种现象的原因作过解释，根据那个解释我们可以推测麦尔德克梯木的这个高于城堡所依托的地面至少25英尺的红柳包，可证明该城堡的年代相当久远。

在更彻底地搜索城墙之后，立即就发现了更明确的证据，证明它的确很古老。清走覆盖在土坯建筑物部位表面的沙子，我发现它是用大型土坯砌成的，土坯的尺寸与我们在楼兰遗址废弃的建筑物中看到的那些大多数土坯类似。我辨别出有两种尺寸不同的土坯，一种是长18英寸，宽11英寸，厚4英寸；另一种是长14英寸，宽10英寸，厚3.5英寸。鉴于两者相差不大，本身就暗示出大致属于同一时代，而且这个结论被接连在城墙顶上各个地方捡到的中国钱币所完全证实。这些钱币都属于东汉时期流通的钱币类型，2枚上有铭文，为货泉，最先由王莽发行（公元9—22年），其余4枚是剪轮五铢钱。

因为底土潮湿，城堡内和周围都没有残存常见的易腐坏的材料。同样的原因（靠近水源），解释了为什么在废墟附近完全缺乏风蚀地和为什么我们后来没有找到任何常见的硬质碎块，如陶片、小金属器等。当天和第二天早上也没有搜索到任何其他建筑遗迹。不过已经获得的证据使我们没有理由怀疑，这个小哨所属于纪元初期几个世纪，也许延续到与楼兰遗址相同的时期。

尽管废墟本身无关紧要，但大致确定了它的年代，赋予了它明显的古物和地理学方面的意义。它在此地区的存在证明塔里木河有一条支流（我们没办法确定它是大还是小），在古代中国治理塔里木盆地的最初阶段，一定曾流到现在的依来克河一线附近，还证明这里一定有过一条需要保护的古道。斯文·赫定博士推测指出，整个塔里木河的排水，在那时都先经库鲁克达里雅河床，然后才进入楼兰遗址正南的早期罗布淖尔。这一推测与郦道元《水经注》告诉我们的塔里木河与车尔臣河汇流东注扞泥以北沼泽这个详细报告不相符，而且麦尔德克梯木提供的年代证据，也不允许我们再作这种尝试。

它证明当楼兰遗址还有人居住、库鲁克达里雅还"存在"时，就像目前这样在流入现在米兰地区以北叫作"喀拉库顺湖"的古罗布湖床之前，塔里木河有一条支流向南流入车尔臣河。考虑到缺乏史料记载和考古资料，以及三角洲地区平坦的自然条件（那里水、风和沙永远在不遗余力地消除地表上的遗迹），我们的确不能指望能回答它们当时的交汇点在什么地方、塔里木河的这条南支和库鲁克达里雅当时的相对水量是多少，以及类似的问题。不过我认为似乎可以得出这样一个推论，即如果在楼兰废弃以前（郦道元的情报无疑追溯到那时），来自塔里木盆地的河水同时注入库鲁克达里雅和那条南支（然而现在它还不足以同时注入两条河），那么我们就一定能推断，大约在过去的15个世纪中，河流的总水量一定在不断减少，即在变干，无论导致这些变迁的原因是什么，过程怎么样。

　　1月7日，我离开麦尔德克梯木，再次沿塔里木河向南前往若羌和米兰。虽然我急于赶到米兰遗址去发掘，但不能放弃顺路访问罗博罗夫斯基调查过的那个遗址的机会。这个遗址在俄罗斯地形测量局的亚洲各国疆域图中标为"科特克协尔"，即阔台克协亥尔，靠近车尔臣里雅的末端河道。[1] 我花了6天时间才赶到那里。这里有必要详解一下，因为最初是紧靠塔里木河的主河道而行，众所周知，这条道将若羌与铁干里克、库尔勒和北边其他绿洲相连。繁茂的野杨树形成天然的林荫路，我们在塔里木河主河床边一直就在这种林荫路中前行直到希尔格恰普干。这种野杨树像是在遥远的年代形成的，我们在库鲁克达里雅的支流边经常发现这种成行的、倒下的胡杨茂盛依然。

　　形成鲜明对照的是更醒目的、裸露的大平原，平原上生长着不多的芦苇和红柳。这条道就从这个平原通往荒凉的罗布军事基地。附近密如蛛网的浅湖和沼泽中，现在车尔臣河的末端河道消失了，完成了与塔里木河的汇合。水草环绕之中，叫作"罗布"的渔民小村适时出现在眼前，呈现出沉闷的罗布地区所有的典型特征。就我收集到的资料而言，古地名罗布限用于这个特别的地

---

　　1 "阔台克协亥尔"一词，按照字面上的意思，是"死树城"，在塔里木盆地被广泛用于大流沙沙漠中或周围的遗址，在那里，真实地或想象中存在着古代居住遗迹。

方并非最近之事。从某种意义上讲，也许与如下事实有关：这个原本无足轻重的地方，竟是离若羌，即马可·波罗的"罗布城"最近的、真正的罗布里克式的、半游牧的渔民和牧民的定居地。

　　1月11日我们从罗布东南行，直穿车尔臣河三角洲。这一天所见，除在罗布基地以南通过的主支流以外，车尔臣河三角洲实际上已完全干涸。大量羊群在吃着野草。一切就像当楼兰遗址附近的古道还在使用时楼兰遗址以南地区一定常见的情形。经过第二天的长途旅行，我们到达三角洲的源头，从此沿宽广、冰封的主河床右岸继续上行，来到吉格代里克乌格勒牧羊人的住地附近。次日晨，从夏合托合塔库勒的干浅湖附近我们的营地出发，由向导带着向南—南西方向前进。这个向导是我派人从若羌找到的。走约1英里，经过一个干浅湖，湖周围芦苇茂盛。然后我们来到绵延的沙山旁。沙山高达30英尺，像通常一样，走向与河道平行。胡杨和红柳多已死亡，它们标示出一条宽约0.5英里的早期河床。对面是冲积黄土形成的大平原，开阔但被风蚀，发育着4~6英尺高矮不等的许多低土台。土台与河道平行，宽1~1.5英里。

　　这个地区可以捡到大量手制粗陶片，但没有一处密集到清楚表明那以前是个固定的居址。由于淘洗很差，陶片中含有沙砾，显得粗糙，这与我熟悉的新石器时代陶器相像。无论如何，有几片像釉陶，也有刻着装饰花纹的纺轮，它们显然属于较晚期的遗物。我试图寻找到一些建筑遗迹，甚或一枚钱币或一片加工过的金属器，但一无所获。除陶片外，唯一的发现物就是几块石头，显然是石磨。最后，根据陶片散布范围之广，却分布之薄的情况，我倾向于推断此遗址延续到历史时期。虽然稀稀落落，但要么延续很久，要么在不同时期恢复过。沿车尔臣河，在河道没有发生大变迁的其他地方，似乎有可能残存类似的遗迹，但由于流沙或植物的遮蔽，我们无法看到。

次日，我回到了若羌，那里有种种工作等着我去做，疲惫不堪的随从者也要休整一下。筹集新的补给品，为将来长途旅行准备运输工具，以及寻找民工以便在米兰进行发掘，这些工作使我在这个罗布总部从1月17日耽搁到21日。这些日子尽管体力上得到了恢复，精神上却一点儿也不轻松。若羌县的按办廖大老爷全力地帮助我。他是个有学者风度的人，对我的楼兰发现真的很感兴趣，为了我未来的工作，他想尽办法帮我从不到100户人家中，找尽了所能提供的资源。一年后当我听到他竟客死于这个沉闷的异地他乡，不禁深感惋惜。

1月22日早上，我和挖掘人员带着新的补给品开始返回米兰。第二天深夜，我满意地回到了米兰河边。现在，米兰河已冻成坚冰。这天夜里，我还与我深爱的中国助手蒋师爷重逢了。除永远活跃的他本人外，他还从阿布旦带来了有用的援军——罗布人——来帮助挖掘。这样，一切都已就绪，只等着对米兰废墟重新开始认真调查。

第二节　米兰废堡

前面我已记述了第一次对米兰遗址的快速调查，并提到了在废堡开始的试掘中所获得的有趣发现。1月23日早上，我出发前往此遗址，就在其城墙底下扎下营帐，以便离工作地点近一些，且可利用它来挡避寒风。因为在这个荒芜的沙漠缓冲地区，这个季节很少没有寒风的时候。接着我迅速安排好近50个民工的工作，让他们从一个半月前第一次发掘停下来的地方继续系统地清理。不多一会儿就获得了证据，表明此废堡好像实践了我们前次试掘坚持的诺言。但在开始描述这次重新开始的操作及丰富的收获以前，我要顺便对废墟发掘前的结构特征作一说明。

米兰废堡耸立在卵石平原上。平原总宽约3英里，从米兰河现在河道边的植物带向东延伸到已完全干涸的古河床。古河床从废堡以东不到半英里的地方通过，当时好像有水。北边不远就是红柳丘和矮树丛，为古遗址那一侧的边缘，延伸达几英里远。

废堡看上去宏伟壮观，围墙高耸，不过形状和结构不规则。这一开始就引起我的注意，因为这些特征是非中国式的，而且比较晚。如果俯视，它的平面图是一种不规则四边形，分别大致朝东—北东和西北的两面墙较长，另两面大致面向西—南西和南—南东。为了方便，以后我将以东墙、北墙、西墙和南墙称呼它们。

第一组的两面墙，长均约240英尺（以相邻的胸墙外部墙基为准）。西墙和南墙相对较短，长168英尺和200英尺。保护城四角的长方形棱堡形状不规则，尺寸不一。它们已严重损坏，不可能量得任何精确的尺寸。西南和东南角的棱堡（图2），高约22英尺和24英尺。东北角的棱堡高28~29英尺。

此外，从每一面墙的中部还各突出一座棱堡。但这些中间棱堡的精确位置变化很大，比它们的尺寸还要大。朝南的那个显然是最大的，保存得也相当完好（图2），显然相当于城堡的主楼。它由结实的夯块筑成，各处还可清楚辨出黏土夯块的轮廓。南棱堡上坚固的部位还保持原来的高度，为41英尺，上面有高7英尺和厚2英尺4英寸的胸墙。胸墙用一层层夯块建造，每隔5~6英寸用红柳柴枝加固，这说明了它为何保存得较好和在照片中为什么显得较黑（图2）。其他棱堡毁坏严重，虽然它们的结构中好像都插入了红柳层，但不能同样确定其结构特征。

胸墙采用了不同的建筑技术，这可以部分地解释它们呈现出的不同保护状态。南墙和西墙下面部分似乎是夯土墙，上接以非常粗的土坯和间隔很密的红柳层建成的厚胸墙。南墙上很少有这种胸墙残存下来，西城墙上更少，由于风蚀作用胸墙被严重破坏了。防御土城墙的顶部厚约12英尺，上面有胸墙相接。由于它各处都明显外斜，所以基部的厚度似乎更大，增加到约16英尺。但基部的大部分地方被残骸和流沙覆盖了，很难量出精确的尺寸。南城墙实高18~20英尺。北墙毁坏严重，崩溃到只比地面高出

10~15英尺。这可能部分地归结为制作很粗的土坯之间没有红柳层，土坯和硬土块似乎是这边所用的仅有的材料。

东墙很奇特，虽然这面墙正对着盛行风，总体遭受风蚀的程度却比其他墙面轻，部分地方高度还达到24英尺或更高（图3、55、56、57）。它的胸墙有些已破裂，胸墙用土坯和黏土筑成，每两层间铺一层红柳枝，非常坚固，故得以残存下来。其厚度很一致，约为6英尺，但原高不能确定。墙下面部分的结构与众不同，非常特殊，可能曾被特别加固过或修补过。城墙里面厚约3英尺或4英尺，由黏土和土坯层组成，间隔约10英寸有一层红柳枝，也如胸墙所见（图55、57）。每层都包含有一层土坯，且上下

图55　米兰遗址吐蕃城堡东南角的 xii~xv 号房屋遗迹，发掘中

图 56　米兰遗址吐蕃城堡的东面，自中心部位望

图 57　米兰遗址吐蕃城堡沿东墙的 viii、ix 号房屋遗迹，发掘后

各有一层夯土。向外有第二重土坯墙，厚约2英尺，用相同尺寸的土坯筑成。这重之外是一重厚实的夯土护墙，用粗而紧束着的红柳或胡杨枝加固。由于风沙的侵蚀，这些木头的末端已伸到外墙面以外，好像是梯子的梯磴。

东墙外被盛行的东—北东风堆积出一道细沙砾和流沙构成的斜坡，达到胸墙基部所处的高度。这种侵蚀物质向前缓慢移动，使胸墙多处遭到破坏。我后来可以说是亲自体验了这种侵蚀过程，只感到它太剧烈了：当时我站在靠近东南角的缺口中观看在那里进行的发掘现场（图55）。寒风扫过防御土墙，不断将沙砾吹过来，任何人都难以在那里坚持很久，甚至连勇敢的罗布里克挖掘者都得不停地轮流换班。突破胸墙之后，侵蚀没有再进一步发生，也没有继续削薄墙壁，我不禁大为惊讶。紧靠东墙后面，我发掘出一些填满垃圾的房间，从中我找到了对此最清楚的解释，了解到它为何能抵御烈风侵袭千余年而不被破坏的原委。

当我第一次访问这个废堡在对西墙里面进行调查时，就深深感受到了风蚀的力量。那里与北墙后面最低层的垃圾相比，地面已被冲刷出足有10英尺深。这显然是盛行风通过东墙吹来的沙砾的作用所致。这次正式发掘就在东墙下进行。似乎可以有把握地推断，围墙西边的这一部分没有住宅，否则它可能会保护这里的土地免受侵蚀。这个问题的明确解释，就是任何沿此西墙修建的住舍，都将比东墙掩护下的那些要更多地遭到东—北东风的侵蚀。那里的风蚀力也说明了西墙中间棱堡和守卫在西北角的棱堡之间的那段西墙为什么被破坏得如此严重。残破的防御土墙有一个完整的缺口，显然是通往戍堡里面的门。旁边的地面上还立着一排3根大柱的残桩。其他一切都被慢慢磨碎，然后被吹走。

这里要记述一下对废堡外表的几次总观察。我注意到许多地方，特别是南大棱堡，防御土墙的夯土包含有大量陶片，它们是建造的时候加进去的。大部分陶片的胎泥淘洗得很好，而且制作精良。这表明附近地区在某一较早的历史时期曾有人居住。建筑戍堡的城墙和棱堡时，为了节省劳力和运输，显然是从那里取土。对于这个重要事实，我以后将有机会再次提到。

另一次调查也得到某种准年代学方面的收获。墙基外没有一处见到有风蚀的影响，只有西北角除外，那里紧邻角堡的地方风蚀最深处达6英尺。我注意到在米兰的其他一些废墟中，西北角的风蚀程度也加深了。这可能与扫过大致平行于它本身方向的墙头的风所产生的回旋有关。不知何故，这种由风的回旋所产生的凹坑似乎状如漏斗。在戍堡周围没有发现任何表示地面总高度降低的迹象，开始我以为这说明废墟起源得较晚。但更彻底地观察时，我发现事实似乎并非如此。因为我发现遗址区地表特征十分奇特，即戍堡周围地面覆盖着一层薄薄的沙砾，这层由以前风蚀作用形成的沙砾层覆盖着冲积表土，从而起到了很好的保护作用。如果考虑到在戍堡以南不到0.25英里远的地方竟然有成群的小雅丹土台，其中有些地方甚至比风蚀沟高出17英尺，那么对没有迹象表明总地表高度降低这一点更加令人感到奇怪。

还有一个较小的难题，就是沿墙基散布着大量大石头，特别是沿南大棱堡的墙基。无论如何，这个问题很快就解决了。我在所有地方都没有找到任何证据，可以表明这种石头（无疑是从上游充满粗石的河床中带来的）曾是构筑城墙的建筑材料。因此我得出结论，这些石头原来可能被保存在胸墙上，后来在进行攻击时，被防卫者抛了下来。这个猜测成为一种早期的证明，因为我后来在访问甘肃的途中，看到不仅敦煌边境古代烽火台的脚下常有这种大石"弹药"，而且在现代城墙和最后一次当地发生叛乱以来修建的村堡胸墙上，也规则地贮存着这种大石头以作防卫之用。

第三节　米兰戍堡中的发掘

戍堡东墙的背风面积聚着沙砾，形成斜坡。正是在此沙坡下，12月8日的试掘第一次揭露了一系列建造粗糙的小住舍遗迹。由于东墙挡住了刺骨的东北风，这些住舍才没有受到侵蚀。在报告中我对这次发掘作了叙述，描述了这些房间中除其他遗物外，还从堆积的厚层垃圾中发掘出了大量吐蕃文书。这些文书清楚表明这个废堡在吐蕃取得对塔里木盆地的优势地位期间使用了很长时间，即大致在公元8世纪后半叶和整个9世纪。

1月24日，发掘重新开始。在令人难受的气候条件下连续发掘了5天，有望发现更多那一时期的文物。以前清理过的房间

M.I.i~vii，在东南角不规则地连成一行，距堡垒的东墙不远。就在两者中间宽不到17英尺的空地上，很快挖掘出了另一排小房间，它们是 M.I.viii~xi。后来证明这排小房间继续沿东墙延伸，直到东南棱堡（即城内东南角）。前一排房屋只有最先两个房间 i、ii 被沙砾斜坡完全覆盖，所以只有它们的屋顶被保存下来。房间 viii~xi 的屋顶由于后面的防御土墙提供了保护，也被保存了下来。这些房间中，垃圾块一直填到由粗胡杨木梁和芦苇草层构成的房顶。直到将这些垃圾挖到地面时，我才意识到，这些垃圾堆是多么有助于加强墙本身防御风蚀的能力。

房间本身建造得非常粗糙且不规则，以粗糙的土坯和黏土筑就，墙体厚薄不匀。如房间 viii、ix 的照片（图57）所示，有些部分墙体还保存着熏脏的灰泥墙面。这两间房之间的隔墙厚只有9英寸，第二个房间的地面比第一个房间的地面高将近3英尺。在相邻房间中也常见类似的高差，表明是出于不同原因随便建筑的。只有少数几间，如 xi、xiv，能够找到低矮的泥砌壁炉。由于当填于室内的垃圾被清理出去时，易碎的黏土和土坯墙易于崩溃，通常难以确定它们的入口位于何处。至于其他房间，当它们被完全填满而不再有用，甚至是不能再作为垃圾箱时，入口似乎就被泥巴堵塞了。

与东墙相邻的房间很粗陋，最显著的特征是它们中的许多房间，特别是室 viii、ix、xiii、xiv，发现被填满了废物，几达残存的屋顶。废物中包括芦草、红柳木破片和扫掉的炉灰，形成很厚的垃圾。其中还混有一些弃物，我们简称为"废纸篓"中倒出的废物，另外还有所有能够想象得到的污垢，包括沾有污秽的破布、动物骨片和一种更加令人讨厌的残渣。到处弥漫着氨水味，这使我深刻认识到，这些小房间的每一间在不可能使用，甚至是不能为异常坚强的吐蕃士兵所使用后，一定也或长或短地被用作厕所。沉积很厚的污秽中少见细小的流沙，而在塔里木盆地其他地方，那些成为我命运转折点的古垃圾堆沾有的细流沙就要多一些。由于缺少这种有效的干燥和消毒物质，所以当我在米兰戍堡开展工作时，总是闻到一种罕见的陈年腐臭味。

　　对我来说，更难以理解的是，在用来住人的房间中竟会堆积着如此厚的垃圾堆，更何况它们离其他实际尚在住人的房间很近。所幸后来的旅行中清楚见到了"现成的"相同过程。从甘肃到新疆绿洲的大路沿线，有一些当客栈用的简陋小屋就变成了这种状况，而紧邻的房子却仍正式地用作庇护所。这个情况很好地说明了这种现象。有许多例子表明，建造新的泥屋，比清理掉填满垃圾的老屋更容易，花费也更少。这个吐蕃要塞中的情形大概也是如此。在遥远的西方，我也看到过还处在废物积聚时刻的建筑物，从而联想到米兰戍堡内部的景象。那是1915年11月，我走过霍拉桑最东段的时候，发现古老而没落的塔巴斯玛西那小镇挤满了平常的波斯式穹隆顶泥屋，它们都靠着高围墙成层修建。泥屋中仍在居住的房子，只有从其他由于长期居住而完全填满垃圾的房子的屋顶上才能爬进去。而这些填有垃圾的房子甚至连小镇中种田人都不屑一顾。

但是，这些垃圾并没有给戍堡中那些简陋的房子带来特别的古物学意义。不过从中发现了相当丰富的木简和纸文书，写的几乎都是吐蕃文；此外还有反映当时当地日常生活的小物品。考虑到东墙显然的保护作用，我们可以可靠地假设，"废纸篓"中书写遗物最丰富的房间都位于东墙那边。至于各房间原来的用途，不可能更确定地断言。最多只能说像室 i、ii、iv、viii 那样垃圾填满到它们全高（室 viii 高约8英尺6英寸）的那些房间，好像比其余的更早一些腾空改为垃圾箱。事实是室 x~xii 和室 xii 南面的邻室，地面高度较室 xiii、xiv 明显要高。这个事实意味着它们可能是较晚的建筑。最后所说的那个房间，即室 xiv（图55的中心），有些部分像暗炮台那样建在与东南棱堡相交处的防御墙之中。虽然它的上部墙壁已被风蚀夺去，但残存其中的垃圾高达6英尺，出土文书200多件，其中有几件还特别大且保存良好。

发掘进一步沿北墙向围墙内的中心部发展（图56、58），在那里发现了一组小屋，它们大都很小，从结构和地面高度看，都比东边的那些更不规则。由于墙壁大部分都很薄，仅用泥或最粗糙的土坯建成，加上严重的风蚀，不同小屋和地窖形小房间的布置就像养兔场一样，难以追踪出来。因为工作在不同地方同时进行，发现物不断迅速出现，我的注意力必然分散，平面图中建筑遗迹的记录不能完全精确，有些部分只能是个大概。戍堡区中心到南大棱堡间房屋残墙起建位置的高度最不规则，表明它们是不同时

图 58　米兰遗址吐蕃城堡的中央棱堡和东面，自内侧向外望

期所建，一个建在另一个的上面。

　　北墙附近发掘出的房间布局上多少要整齐一些，通常保存状况也较好，因而有可能弄清楚。大部分小房间没有入口，且明显是从上面进入。有些房间的地面比其余房间深四五英尺，可能是用来贮藏供给品和保存不同时期居住在堡垒中的士兵和小官员收集的杂物。这种使用将说明这些地下室为什么有些（如室 xxvi）在角落上建有古怪的坐台，有些室内只有小麦、大麦和小米捆，混合有大量沙子和废物，而书写遗物则完全没有。其他房间如 xxiv、xxvii、xxviii，似乎是简陋的起居室，在这些房间中靠近地面部位，

发现有相当多的吐蕃文书。室 xxxi 附近有一排小房间切入北防御墙墙体，从这些房间中发现几件吐蕃文书残片。室 xxxii 很简陋，覆盖着 2 英尺厚的垃圾和沙子，清理时却有重要发现，即从地面上发现了 3 张大的残纸片，纸片上写着如尼文突厥语，这是我在塔里木盆地遗址中发现的唯一一用此种字迹书写的文书。我将进一步重新来讲它们。室 xxxii 西边的马粪保护层很稀薄，由于受到侵蚀，只留下最少的小建筑痕迹，这些小建筑曾延伸到戍堡的大门。戍堡区中心附近的那一群泥屋，因某个时期堆积起一层黏合的羊粪壳提供保护而免遭同样的命运。

保存于废堡中的大量垃圾层中，安全贮藏了大量富有考古价值的文物，其中最丰富的显然是吐蕃文木简和纸文书。除种种原因而难以辨认的文书，这种文书的总数达到 1 000 余件。这些遗物与在用墙围成的垃圾箱中发现的大量腐败的动植物实体粘连在了一起，因而许多文书上的字迹完全消退了。文书外面通常结有厚壳，要非常仔细才能发现和费力地取出，后来对它们的清洗也同样如此。

从木简和纸文书的表面看，它们大多数属于公函或私人信件。相当数量的窄木片（该遗址的全部木信件实际上都是那种样式）正面左头有突起的长方形印槽，这些印槽往往还保留有灰色的封泥。刻痕一般在印槽较长的边框中，可能是用来固定布或其他软质材料做成的束绳，这种束绳可能是用来从木片的两头将其捆绑好以在运送过程中保护泥封。我发现这种木简没有任何用以防止信中

图 59　吐蕃文木简

内容被偷看的设计，比如它们既没有木盖简，也没有用来装木简的封套。在这一点上，和其他方面一样，米兰戍堡出土木简所体现的技术水平比尼雅与楼兰遗址的明显要差得多。另一方面，它们与后来在麻扎塔格戍堡发现的同为吐蕃统治时期的文具和其他遗物明显相似。

大多数木简的完整长度平均在6~8英寸，它们的宽均不超过2英寸。图59展示的标本将充分表明这种木简在尺寸、形状和字迹方面的变化情况。有的还是通过绳孔绑在一起的3枚片标签形小木简。也发现有相当比例的有绳孔木简是单独分开的，好像它们原是一个系列的一部分或曾归档在一起。绳孔一律出现在大量只包含地址的短木标签中，这些木简的木料看起来是红柳，因为红柳是这一地区附近最容易找到的材料。但在所发现的米兰木简中，似乎也有用胡杨和栽植的杨树木料做成的木简。

米兰戍堡的发现证明，在吐蕃占领期，"木信件"的使用占了主要地位。在如此晚的时代大量使用"木信件"令人感到奇怪。据此我们可以推论出当时纸张很难获得，当地不能提供。关于这一点，在那里发现的纸文书和经卷作了进一步证明。它们的总数为木简总数的四分之一强。大多数信和文书写在长方形纸上，如图60所示。大量盖有红印章的纸文书表明它们属于官方性质。纸的尺寸非常大，最大的长16英寸，宽11英寸，而另一件密密麻麻写有不少于16行文字，长逾11英寸。这些文书的大多数纸张质地脆而粗糙，没有一件是树叶制的，没有一件可以两面书写。

与上述情况形成鲜明对照的
是，用不同材料制作得很好的、
结实的纸页和纸片却很少见。这
种少见的好纸，从两面清楚规整
的字迹、规范的行距和绳孔来看，
当场就可认出是佛经的菩提。弗
兰克博士后来的考证证实了这一
推测，如图60所示，这种纸页和
纸片，包含的是大乘佛经的某些
部分。其中最大的有2英尺多长。
1901年我在安迪尔戍堡佛寺中也
发现类似的纸页，也是吐蕃占领
时期的文物。显微观察证明，这
种纸是用月桂树植物纤维制造的，
当时塔里木盆地还不知道这种材
料。两个遗址同时出现完全相似
的这种好纸，说明这些为生活在
米兰戍堡或经过那里的人所喜爱
的文物，都是从遥远的南方寺院
翻越西藏高原被带到那里的。最
后应该注意，相当一部分纸文书
发现时是卷起来的，我认为我能

图60　吐蕃文纸文书残片

认出一种狭窄的竖写式文书，就像是仿照汉语文书惯用的那种纵栏书写格式书写的。

第四节　米兰戍堡中的各种发现物

我们在清理米兰废堡时发现的文书是如此众多，我知道对它们的详细解读和翻译将被证明是一项费时又费力的工作。我也知道，甚至当这一工作完成时，也难以希望像对它的残存环境所作的仔细观察那样，清楚地阐明吐蕃占领时期该遗址中的日常生活。在前几节中，我已尽力精确地描述了一度被驻军居住的简陋的房间及其所处环境。从文书中没有收集到任何堪与当场感受到的肮脏和不适直接相比的信息。这个孤独的边防哨卡中的吐蕃官员和士兵必须在那种肮脏和难受的环境中苦度时光。但是积聚的垃圾则至少对对古物感兴趣的后人来说是一种富有思想内容的物品。戍堡中的吐蕃官员和士兵眼看着垃圾在他们周围一步一步地堆积起来，却对这些污垢漠不关心。我在其他地方从未发掘过这种污垢。里面保存下来的工具、衣服、武器和其他日用品使我们得以重构其各个方面的生活画面。所有这些器物制作得都很简陋，而且相当陈旧。但考虑到堆积物一定经过很长时期才达到现在这个高度，这种一致性可能刚好可以作为一个补充的证据，证明它们忠实地反映了当时当地的情况。

　　在发现的文物中，首先值得一提的是皮甲片。因为这种东西不仅在技术和材料上具有意义，而且数量庞大。事实上它们是从不同房间中成套挖掘出来的，这是一个重要证据，证明生活在戍堡中并将其穿旧的装备"脱"在那里的主要是军人。最先发现的，如图61所示，都是散片，长方形，涂漆，尺寸和装饰变化多样，没有任何明确的迹象表明其原来的用途和联系。尽管如此，我还是立即就认出了它们的真正性质。六年前我从尼雅遗址一处垃圾堆中发现了一小块绿色硬皮片，我正确地断定它就是甲胄的鳞片。这次发现可以说是对我那个正确判断的赏报。那个推测后来得到明确证实。1904年安德鲁斯先生从大英博物馆藏的一组从拉萨带回的盔甲中发现，其甲片完全是按照上述那块皮甲片所示的方式编织的。

　　米兰戍堡内出土了相当数量的涂漆皮质盔甲片，值得注意的是，从形状与编织方法看，这些甲片中没有一件和尼雅遗址所出盔甲标本类型一致。尼雅遗址类型的甲片，上端呈圆形，沿两条长边和一条顶边有3个连接孔。米兰戍堡的甲片则都呈长方形，编结方法也不同，从某种意义上讲，更复杂一些。幸运的是我们发现有一些成套的甲片，仍用原来的窄皮条互相系在一起，从中可以研究出这些甲片的编结方法来，如图62所示。

　　我们同时也注意到，有一些甲片风格、制作方法和编结方式相同。那些"绿色"硬皮甲片可能是用骆驼皮做的，尺寸很不一致，但总是呈长方形，并略向外弯曲。它们原来两面都有很厚很

图 61　上过漆的皮制铠甲鳞片

图 62　编结在一起的铠甲鳞片

光亮的漆，一般涂成连续漆面，这种类型甲片的孔数有的多达7个。所用的颜色中，鲜红和黑色最为流行，但也见到一种深棕红色和黄色。各甲片的装饰是刮出的小图案，如同心圆、椭圆、类似于逗号或反写的 S 等图形，模仿五彩拉毛粉饰作品通体涂漆。在有些甲片组中，发现有仅仅用作装饰的青铜铆钉。

在有些甲片组中发现孔的数量和位置有所不同，这表明不同盔甲甲片的编结方法细节上有所区别。然而，将这些仍按原来样子编结在一起的甲片组作一对比就会发现基本方式很相似。侧面编结法是，甲片的长边相叠，然后将皮条穿过甲片组边缘附近的孔，用这种方法紧系在一起。垂直连接法很巧妙，用两根皮条并排穿过成对的孔，然后绕过一根从甲片后面水平通过而从不在前面露出的皮条。

甲片成行相互重叠，而且很可能是向上重叠，重叠的方式与欧洲古典的、中世纪的样式不一样，但与中亚和希腊化佛教艺术中的甲胄、尼雅遗址甲胄，以及前面提到的古吐蕃套装盔甲标本相似。的确，上述这些标本中，除最后所说的那件吐蕃套装盔甲外，重叠的甲片都不是长方形，而是圆头形的。这些甲胄标本的下部或下摆部有长方形甲片的地方，不管是向上重叠，还是向下重叠，甲片都没有任何重叠。但应该注意的是，从拉萨获得的那套古吐蕃盔甲的甲片全是长方形，而且甲片向上重叠。此外还要注意的是，凡敦煌千佛洞佛教绘画中所见的甲胄（通常穿在表示天王的人物身上），自腰部以下均由长方形甲片组成，且总是向上

图63 芦苇笔

重叠。长方形甲片的这种重叠方向更应引起注意，因为在敦煌的所有这种绘画中，甲胄的上部或胸部都描绘着圆头甲片，彼此向下重叠。

据我所知，中亚或希腊化佛教艺术中的大多数浮雕和绘画中穿有盔甲的图像，其盔甲的圆头甲片皆出现在胸部，长方形甲片仅限于下摆。但值得注意的是，米兰戍堡的所有涂漆皮甲片中，没有发现一片是圆头形的。这表明吐蕃士兵的皮盔甲是由长方形甲片组成。事实上，我们从拉萨就得到过这样一件古吐蕃人的盔甲，它的布置就是这样，长方形甲片向上重叠。从喀拉协亥尔的"明屋"遗址出土有一件着类似盔甲的武士灰泥小浮雕，武士盔甲的甲片都是长方形，虽然它们的确切布置不能辨认出来。同样在天王像中，我们发现腰部上下都有长方形甲片，很清楚是向上重叠。

戍堡的居住者中，除军队之外一定还有一支庞大的文职人员，这不仅被大量文书也被发现的木笔和芦苇笔所证明（图63）。奇怪的是，相比之下，戍堡内外发现的武器却很少。除了一根保存完好的山羊毛做的结实的投石索，只有几枚残箭矢。遗址中一种无疑与吐蕃习惯有关的特产是削成尖状的角印，其中3枚（图64）发现于同一个房间。在许多吐蕃文纸文书上发现盖着红色的官印，从其形状判断一定是用类似的印章盖上去的。这些角印中有一枚上面的吐蕃文刻字应当引起注意，因为巴尼特博士倾向于认为它包含有"非吐蕃语音节"，并相信"它们可能是试图用来表示西方的安东尼"。如果这个解释证明是成立的，那么我们完全可以认为该印的主人是一个聂斯托里教派的基督徒，定居于米兰，受吐蕃人雇用。在吐鲁番的遗址中发现有基督教经文残卷，以另一种方式为我们了解到聂斯托里教派的基督教大约在这个时期传播到中国新疆地区提供了明确的考古学证据。

　　与纺织有关的各种工具（图65），表明成堡存在过家庭生活。大量结实的渔网说明米兰河中的渔业比今天更兴旺，或者末端塔里木河所形成的浅湖（相当于今之喀拉库顺湖）比现在更靠近遗址。骨琴拨和一件乐器的木桥表明这个沉闷的兵营的居住者对音乐并不是门外汉。其他生活设施在这些拥挤的、污秽环绕的房间中并非完全不见，下列发现证明了这一点：它们是木托盘、碗和用漆装饰的箱子残片。但一个用毡修补的葫芦器残片则明白地告诉我们他们的确很贫穷。一根非常污秽的、很粗的扎着的黑发辫，看起来其原来的主人不像曾很仔细地使用过木梳和角梳，我们发现有相当数量这种梳子。发现的3把木钥匙（图66是其中一把），与我们曾在喀达里克与和田地区别的地方见到的很相似。

图 64　角印

图 65　纺织工具

图 66　木钥匙

除了写有文字的文案，遗物中最丰富的是粗糙的织物，大多是毛的，但有些也是棉和毡的，它们主要是士兵的个人服装。这些织物的组织各式各样，种类繁多，但都织得很结实很精致，它们的色彩保存得很好，流行暗褐色和红色。值得注意的是，这些织物没有一块被扔进垃圾中，即使不想再用的时候也是这样。相同的情况还有精巧地织成的地毯残片，它们的图案采用了传统的但轮廓鲜明的动物形设计（图67），这种图案在较早的尼雅和楼兰遗址的类似文物中不曾见过。这似乎说明在大半是以游牧为生的民族中，随着其原始手工业条件的进步，纺织艺术有了明显的发展。

与在楼兰和敦煌边境废墟中发现的相比，米兰戍堡的垃圾中破丝绸片很稀罕。这清楚地说明在公元8世纪的最后四分之一世纪里，由于吐蕃对塔里木盆地和甘肃边境地区的征服，古代中国的贸易受到了损害。尽管如此，我们还是从中找到了几块丝花缎，无疑都源自中国内地。也有一块有图案的丝绸，风格与从敦煌千佛洞发现的大量有图案的丝绸相似。

我们发现一方质密的织锦，织有中国风格的细致优雅的图案，缝成三角形小袋。较大的袋子用细毛料做成，上面的长条形花纹色彩富丽。比这两件保存得好一些的是红色的丝袋（图68），绣出一种精细的链式针迹图样，这种图样几乎布满整个背景。它的风格令人奇异地联想到新疆当代的刺绣作品。其他制成的织品我可以简略地提一下，有一个保存得很好的毡袋，可能是一件士兵服

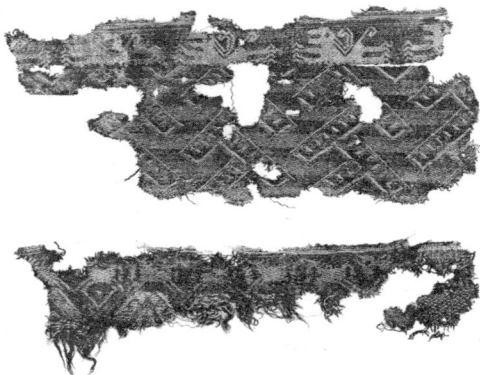

图 67　织有动物形的毛织物残片

图 68　刺绣丝袋残片

的残块；缝制的布鞋装饰着精细的缝出的图案和绣成的手掌状的叶形图案。

第五节　米兰戍堡中发现的吐蕃文书

从米兰戍堡的垃圾堆中发现了大量吐蕃文书，这对当时在艰苦的自然环境下从事挖掘工作的人而言，似乎是一种鼓励和补偿。但当第一次触摸到包裹着污垢的文书，或晚上在我的小帐篷试着用半麻木的手指清理它们时，我多少预见到以后解读它们时的困难。且不说大量木简和纸的残碎情况，它们大多表面磨损，字迹潦草，更加重了将来解读的困难。尽管我一点也不懂吐蕃文，但我知道虽然在佛经和其他信仰性作品中大量存在吐蕃文学，早期世俗著作却非常少。然而从一开始就很明显，米兰出土的大量吐蕃语文书是各种各样的"公文"（往往是很小的报告、申请和契约之类），可能全都用日常生活用语表达。

显然，对这种文书进行详尽解释将需要文献学的敏锐，以及基本的吐蕃生活语言和习惯知识。1910年，弗兰克博士愿意承担我从米兰和大致属于同一时期的麻扎塔格遗址发现搜集的吐蕃语写卷的考证时，我有理由感到特别满意。但他自己最近的考古旅行，文书数量的庞大，这些实际原因使弗兰克博士不得不有所局限，就现版著作而言，他只能准备一份上述材料完整的详细目录。

在我的要求下，弗兰克博士于1913年给这个重要稿件加上了非常有价值的一般性注解，简洁地论述了他从不同方面（语言学和古物学）对文书所作初步检查的主要成果，并将它作为简报发表在《皇家亚洲学会会刊》上。

参看一下弗兰克博士详细目录的米兰部分就会明白，从对这些文书特别是对它们中保存较好的那些文字的详细分析，还可望新发现更多直接的考古价值和历史价值。我曾希望从这位最出色的专家那里得到这些文书的译文，或至少是较完整的摘要，但这个希望因战争落空了。从详细目录中的条目判断，它们有望用来解答当地的古物学问题，要不然其本身就能够得到实际考古调查和发现的证明。

1910年，弗兰克博士和另一位博学的合作者托马斯（印度部的图书馆馆长）欣然接受我的安排，对这些文书的一部分开始注解工作。我很高兴获准在我的《沙漠契丹废墟记》中利用其注解来评论米兰文书。但也由于战争的原因，我甚至现在都没能接触到这些文书的简注。目前不可能确定弗兰克博士后来对这些材料进行更仔细考证时，对这些临时公布的注解内容证实到了什么程度。因此我以为，为便于参考，只复制前面提到的弗兰克博士后来的一般性注解，似乎是比较可靠的做法。它们之中没有对米兰文书和麻扎塔格文书加以区分。但这个状况不比初见时的状况更重要，因为两种情况中，提供文书的两座废堡能够得到独立的考古证据证明是属于相同的时期，并用作相似的目的，即吐蕃边界哨所。弗兰克博士所采用的这个共同处理的方式，最好地证明了不管是在语言还是在内容方面，两个遗址的文书没有明显的差别。

弗兰克博士的注解表明，米兰成堡发现的文书在语言学上和古物学上的意义很广泛，也表明大量问题需要懂得这些吐蕃文书渊源的专家进行彻底调查。我缺乏这个资格，不能试图在这里阐明哪怕是直接与我所探险的古物学和历史地理学有关系的这几方面问题。但是有一个例外，这些文书中出现了表示米兰遗址本身和米兰遗址所在地区的吐蕃语名称。在前面一章中我已经说明了得出如下结论的理由，即我认为这些文书中常出现的地名 Nob，是我们熟悉的罗布（Lop）的一个早期形式，而且是 Lop 与玄奘的纳缚波之间语音上的连结。无论如何，由于弗兰克博士详细目录的帮助，它还是提供了文书证据，证明了这个名词的使用，特别是文书中最常见的"小罗布"（Little Nob）和"大罗布"（Great Nob）形式的使用。

一个重要的事实是，尽管只在 3 块全都是残片的木简中发现过单名罗布，却在不少于 30 件文书中提到了"小罗布"（Nob-chung），而"大罗布"（Nob-chen）则在 14 件文书中被提到。此外，有 5 件文书同时提到大罗布和小罗布。提到小罗布的文书中，相当数量似乎证明如下结论：所指地方就是文书的实际发现地，即米兰遗址。

图 69 是一件几乎完整的纸文书——一份有关某奴隶出售的判决记录。从此文书（记录着小罗布法庭的诉讼程序）看，似乎有

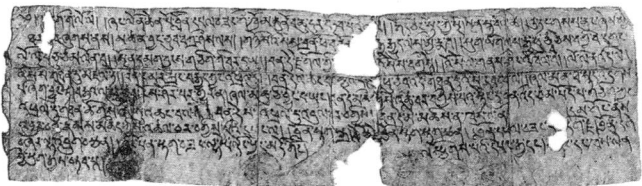

图 69　吐蕃文纸文书

理由认为"小罗布法庭"是遗址所在地的法庭。另一件完整的纸文书与之相同，记录的是小罗布主要田地的分配情况。特别有意思的是这里展现了"田地图"和陈述了一个参照物："无论是谁破坏协议，将按照'前（或第一个）城堡的法律'起诉。"因为如果我们关于小罗布就是米兰这个推测是正确的，那么我们将极有可能也认为"前城堡"是以吐蕃语表示的传统的名称"（东）故城"。根据《水经》最初的注释家郦道元的证言，"东故城"源自鄯善的故都扞泥。而我有充分的理由将扞泥放在米兰遗址。

从弗兰克博士的摘要判断，其余出现小罗布之名的文书没有提供任何明确的位置证据。无论如何，有一枚木简乍一看似乎表明小罗布不可能是米兰。它是某人给"大臣钵心寄给小罗布的一封信的回信"，涉及以货款的形式支付薪水。但有一个可能性是这枚木简只是一份草稿，而不是回信本身。为支持这一推论，可以指出虽然文书末尾提到了几个证明印章，从木简上面却没有发现这种印章。其他提到小罗布的文书不明确，然而应该注意其中3枚文中提到小罗布城堡，从而证明这个地方受到某吐蕃要塞的保卫。

我已解释过，自然的优势一定在各个时期确保若羌成为罗布地区的主要可耕区。由此可以得出，如果小罗布的位置在米兰是正确的，那么大罗布一定就是现在的若羌绿洲。前面指出的全部14件提到大罗布的文书都与这个认识一致。但是，只有两件能够说是给予它以支持，而且还是间接的。有一枚木简，是大罗布的节儿寄给鲁赞的，称呼为"内务主管"。显然，最简单的假定就是写信的地方是若羌而不是这件文书的发现地米兰。还有一封完整的纸信，我们从中读到大罗布的一位官员"从我们自己的贡物"中送来一年的贡物苏打。还有的信中提到大罗布的一座城以及田地、田地的分配问题等。

几乎没什么疑问，大罗布城和小罗布城被计算在"罗布的三座城"之内。"罗布三城"这个表达形式很可能一般是用来总称罗布地区，最后说到的那件文书后来提到"城的各个地区"。虽然第三座城的位置没有确指，但的确值得注意的是还有第三个地方的地名中含有"罗布"二字，那就是"下罗布"。有两件纸文书的内容中写有这个名称，但无助于我们更清楚地确定它的位置。

由于文书摘要告诉我们最多的事情都是琐事，因此可以推论，多数地方的名称定可在罗布地区之内或附近找到。但是由于这些吐蕃地名出现的方式奇怪，加上显然的非吐蕃名称的转写所示不确定的语音学含义，对这些地名身份的推测现在肯定是冒险的。只有一例形式上几乎完全相同，就是名称 Cer-cen。如果它真的是指某个地方，那么显然就是指现在的车尔臣（即今且末——译者）。还有许多极为罕见的其他地名，现在不可能确定下来，令人深感遗憾。那些文书甚至是现在仅可利用的摘录部分，却让我们得以一瞥地名背景中的真实色彩。

有些讨论军事的文书，其中提到的地名不可能认出来。同样遗憾的是，我们也不能明了文书中提到的边境，或索巴，即边防哨所所在的兵营。但是粗略考证一下这些全部吐蕃文书摘录，也能弄清楚它们大多数提到了这个占领区中小吐蕃要塞的许多琐碎事务及其小绿洲的民政事务。

关于文书中提到的吐蕃官员的职务和权力，鉴于这些文书的琐碎性，我们不要去把听起来很高的头衔看得过于重要。那些"臣""君主"等头衔，很可能只拥有很小的权力。同时，如果米兰文书让我们看到的那些事务本身非常一般，那么整个文书反映的政治情况就被赋予了相当重要的历史意义。它们清楚地证明吐蕃在米兰戍堡居住或建设时期，在罗布地区不仅保持着军事要塞，而且还保持着有效的民政。这只有吐蕃在塔里木盆地取得全面的主导地位的时期才有可能，尽管我们缺乏历史资料，但还是知道这个时期是从公元8世纪的最后30多年唐朝势力的衰退和最后的衰败延续到大约公元9世纪中叶。

由于缺乏关于新疆历史中上述时期的知识，所以米兰文书提供的有关吐蕃居住的性质和范围的证据对我们很有价值。造成这种结果的直接原因是那时新疆与中原王朝的政治关系被完全断绝了，而这种断绝是由吐蕃对塔里木盆地和东邻地区的征服造成的。吐蕃势力的搅入，使中国编年史作者对中亚事务的记载中断了一个多世纪。这次政治大变动所产生的彻底而深远的影响得到下述事实的证实：从米兰戍堡垃圾堆中发现的所有文书中我没有找到一块汉语文书残片。

第六节　用如尼文写的突厥语写卷

由吐蕃征服所致的彻底变迁，米兰戍堡唯一非吐蕃语文书的发现因而具有特殊意义。该文书在小房间 M.I.xxxii 中发现，由于风蚀作用，这个房间的薄土坯墙和积聚其间的垃圾只保存高约 2 英尺。靠近地面，就在散布着一些吐蕃文纸和木文书，其中发现一小包已变形的褐色粗纸。打开时发现是一大张约 1 英尺见方保存完好的纸张和两小张保存状况较差的破纸片（图 70）。大纸页正面有类碑文体字迹，b 页正反两面也都有这种字迹，我立即就认出它们是突厥语如尼文写卷。这种字体最初是在最古老的突厥语石碑中发现的，那是公元 8 世纪初期的双语碑铭，发现于鄂尔浑和叶尼塞河流域。令我特感满意的是，这些著名的蒙古和西伯利亚碑铭的第一解读人维尔赫姆·汤姆森教授非常愿意出版和翻译

图 70　突厥如尼文纸文书残片

米兰文书以及我后来发现的突厥语如尼文写卷。汤姆森教授已在
他的论文中讨论了这些发现物，如下有关其内容和含义的观察全
都以此论文为基础。

　　汤姆森教授相信，"我们的这些写卷是一份名册，据推测所列
之人要么是在要塞住了一段时间后正准备离开，要么只是从一个
或另一个方向经过要塞，因而授之以下一步旅行的通行证或给予
援助"。他的翻译表明，提到的为数众多的名字都是突厥语，而
且大多属于军人。有趣的是，"其中有几个来自别的地方，特别是

来自蒙古和西伯利亚。但除此之外，我们所知的古突厥语命名风格中，还加入有许多新的捐税"。如果我们看一下汤姆森教授译文中关于30多个分别命名的人的叙述，就会看到他们主要关系到不是发给 yarlïg 就是发给 yarïq 的规定。

关于前面的那个词，我们可以肯定，因为从别的地方我们知道突厥语 yarlāïg 是波斯语 farmān 的近义词，意即"介绍信"。给旅行者、官方使者等发放这种证明（在现代印度为 parwāna，在波斯为 rāhdārī，在中国新疆地区为 yol-khat）的习惯在所有东方国家仍然流行，我在旅行中经常见到。我在和田地区和其他地方发现的许多汉文、佉卢文与"和田文"等文书无疑具有这个性质。

另一方面，yarïq 迄今还是一个未知单词。但是撇开汤姆森教授所指出的词源学的出处（词根 yar- 字面上的意思是"所遣之人"）不论，该词条本身似乎有足够的迹象支持这位丹麦大学者的推测：yarïq 在这里是"上级军官指派下级军官（？）做某事"，或者在其他条目中是"卫兵"。事实上，据我在东方旅行和对东方行政了解的长期实践经验，我强烈地倾向于相信汤姆森教授在这里指明的功能就是如下这些：他们是被召集起来去定期轮班值勤的、每级政权中卑下却普遍存在的下层官吏，即现代印度的 Chaprassī 或传令兵，新疆的 Darōgha（跑腿的人——译者），汉语也称作"衙役"，波斯的 Ghulām。

我不必去详细分析这件古突厥语文书的内容，也不必去说明前面对两个最常出现的词的解释与它们有多么吻合。但是从中发现的其他词语和名称这里必须予以注意。因为它们对这些米兰文书的起源和年代有着明确的意义，所以也具有历史意义和考古意义。在讨论有关写卷年代这个问题时，汤姆森教授已经指出，大纸张 a 上第一行中给出的年代只提到"4月29日"，没有说到年。同时，他强调如下事实的年代很重要：文书显然是"在某突厥或本来是突厥要塞担任某职的突厥书记员所写"，以汉语头衔（和名称）论及几个人，如三公、知事，等等。从这些头衔中，他推论出此戍堡和该地区当时受中国统辖。因为"另一方面，米兰写卷中似乎没有任何吐蕃的迹象"，所以得出如下结论：它不能晚于公元 8 世纪中叶，因为大致在那个时候吐蕃人自己已在这里确立下来。"如果有什么区别的话，那就是它的年代也许多少更早一些，且信的格式和纸的结构正好与此推测相符。"

我怀疑那些源自中国的头衔的使用，其本身是否能够确证该戍堡和该地区当时必然处于古代中国的统辖之下。因为在公元 6 世纪40 —60 年代，古代中国成功地建立了对北突厥和西突厥严密的、持续的政治控制，从而使唐朝能够继续治理新疆一个多世纪。这种治理的结果，连同中国文明所产生的巨大影响，很可能比古代中国实际对那些地区的治理时间更持久一些。但我相信，米兰文书提供的其他依据明确支持汤姆森所定的大致年代。

首先，我认为提到许多"yariqs 来自 Sugchu 城"的那一条款很重要。如汤姆森教授所充分认识的，此城无疑是现在的肃州，甘肃著名的重镇，位于后期长城最西端的弯曲部。马可·波罗的

Succiu，就像 Sugchu 一样，保留着第一个音节 su 的较古老发音，即 suk。现在中国的史料显示，如沙畹先生的摘录和分析已经完全地表明的，公元756—758年吐蕃逐渐侵占整个甘肃，公元766年以后当他们在那里建立政权，完全阻断了唐朝和新疆的交往。而在新疆的那些地区，唐朝建立起的军事要塞仍在坚持抵抗吐蕃的入侵。从那年以后，似乎再无突厥士兵从肃州来到罗布。

至于这些人的部落或民族亲缘，我们从表中紧接于下的陈述中得到有价值的证据，来自肃州的 yariqs "有6名给予 Bayirqus"。如汤姆森教授注释中所指出的，Bayirqus "是一支与维吾尔密切相关的突厥部落，生活在漠北"。有关维吾尔或回纥的摘录，沙畹先生已从《唐书》翻译过来，并作了充分注解。事实上在列举的组成维吾尔民族的各不同部落中，就有 Bayirqus 或称为"拔野古"（Pa-yeh-ku）。在汤姆森教授首先译解的奥克霍恩的某如尼文突厥碑铭中，也提到了他们。显然，问题中的人们是维吾尔族的一支。

从沙畹先生翻译的可以用来研究且与唐朝对新疆统治的最后衰落以前事件有关的重要汉文史料来看，天山南北要塞中的唐朝政治官员和军官，虽然约自公元766年以后便与朝廷失去了联系，但他们仍继续保持抗击入侵的吐蕃将近25年，而维吾尔族自始至终都与唐朝并肩作战。其部落居住地后来迁至北庭附近，即吐鲁番盆地以北今古城附近。关于这一点应该注意在米兰文书纸张 b 的条款中，有一条涉及发给某 Küräbir Urungu 三公可前往 Qochu 城的一份 yarlïg。如汤姆森教授所指出的，此城相当于高昌，唐代吐鲁番的都城，现在的喀拉霍加古城遗址。

我倾向于将我们的米兰古突厥文书的时代定在安西，龟兹和北庭都护府下的中国要塞孤立之前。我们知道吐蕃于公元670—692年间一度征服了塔里木盆地，大约从公元717年开始，继续从南面再三侵犯威胁"四镇"。关于玄宗帝在位期间（公元713—756年）所做的全部维护其中亚统治、抗击西方阿拉伯和南方吐蕃的攻击的努力，我们的汉语史料表明，古代中国的治国之才很依赖于他们政治上控制着的各突厥部落的帮助。这些雇为辅助者的部落中，我们发现再三提到卡尔鲁克（Karluk，葛逻禄——译者）人，我们知道他们依附于回纥。然而，重要的是当到公元790年吐蕃成功地夺取北庭，在帮助他们攻陷这座天山北部唐朝的最后根据地的部落中，提到了卡尔鲁克及一些其他突厥部落。

对我们来说，在1 000余件吐蕃文书中，米兰戍堡这张突厥文书的出现应归于什么事件，任何肯定的解答都是不可能的。它可能是一次胜利的唯一纪念物，这次胜利使唐朝雇用的一支突厥辅助者的分遣队进驻到一个临时占有的戍堡，这个戍堡是吐蕃以前建立并派兵驻守的，后来被唐朝军队夺了过来。或者就是这件如尼文突厥文书可能根本就不是在米兰写的，而可能是从那些由突厥人驻守的或在敦煌或安西周围的某哨所带到那里的。强调废堡提供的考古证据展示给我们的东西，而不是讨论这种目前只能是纯推测的解释将更有意义。它们都一致证明，戍堡建于并应用于吐蕃统治时期，这段时期始于公元8世纪下半叶，终结于约一个

184

世纪以后。

由戍堡的不规则设计和构造，以及完全缺乏任何汉语文书，绝不能作出如下推测：它可以追溯到古代中国仍在罗布地区产生影响的时期。吐蕃文书的总数和统一的性质，以及文书埋于其中的垃圾堆，决定性地证明吐蕃士兵和官员曾长期居住在那里。同样重要的是，戍堡或其附近发现的9枚铜钱中，除两枚外几乎都显示有铭文，为开元通宝。这种钱币为唐开国皇帝高祖所发行，并被其继承人继续发行了一个多世纪。至于剩余的两枚钱币，一枚显示有年号政和，另一枚为当朝皇帝光绪的年号。两枚钱币都是在戍堡的中心区地表发现的，可能是废墟的某个访问者掉在那里的。最后必须注意的是，我在米兰戍堡里面和周围都没有找到任何证据，证明此遗址在回鹘时期（回鹘大约于公元860年代替吐蕃而成为塔里木盆地的主导势力），或在继回鹘时期之后的伊斯兰时期被长期居住。

所有迹象表明，此遗址在吐蕃占领之后不久就迅速废弃了。当然没有明显的理由认为废弃是由于干旱，即供水的缺乏。无论怎么变迁，累进的干旱可能那时就已在这个地区存在了许多世纪。甚至现在从废堡以西3英里流过的河流就足够这种耕作区的灌溉，从而为包括小戍堡所能占据的无论什么要塞和为相当的农业聚落提供必要的食物。

1907年和1914年两年的冬天我都曾来到米兰，并停留较长时间。其间，河流冰冷，河床中所有的水结成宽广的冰面。因此，我那时不能对米兰河的水量作任何测量。对它的灌溉容量，虽然1906年12月我可以确定水量，但也不能提供任何实际的指导。因为江罕萨依——米兰河的上游，从山中流出——主要是接纳高大的祁曼塔格山上常年的冰雪融水，而它的泉水——晚秋和冬季唯一有泉水的河——非常有限。幸运的是，1914年我第二次访问时，发现以前在米兰断断续续地耕种的阿布旦的罗布人，在他们田园附近新建起了固定家园，并在小村安顿下来，耕地也有了相当大的扩展。

阿布旦的罗布人直到一两代以前还都是渔民和牧羊人，他们这次定居所带来的变化，在许多方面是惊人的。这也使我得以比较容易地获得有关这个地方的农业资源和可能性的可靠的信息。我发现，从事耕作的家庭的总数超过24户。但是必须承认，他们能够提供的劳力，远远不足以开垦供水可以灌溉的肥沃的土地。

按照阿布旦的老伯克努尔·穆罕默德和他的儿子尼亚孜伯克当时告诉我的情况，在米兰河只能依靠泉水补给的、河流水量最小的季节，即秋季和春末，到达米兰拓居地的水量估计是3塔什（或"石"）。这个标准是根据使水磨转一圈所需的水量而定的，根据在新疆其他绿洲中大致估算的平均值，水流量约90立方英尺/秒。早春，到2月末和3月，那时河床中的冰和低山上的雪开始融化，与昆仑山北坡其他河沟一样，产生短暂的洪水，这时水量据说临时增加到约15塔什。以后水量减少，直到6月末夏季大洪水来临。那时高山上的冰雪开始融化，河流中的水量极大超出所有可能的灌溉的需要，就像和田河、克里雅河等一样。

现在定居于米兰并称拥有那里的全部可耕地的罗布人，由于各种显然的原因，急于防止新迁来的移民进入西面耕作区的主要中心。那里曾使帝国中央政府能够在最后两代人中，建造和开发出相当重要的若羌绿洲。因此，我没有理由假定，上述关于其灌溉资源的叙述会是大大的夸张。一个独立的可靠证据，证实了我这个观点。我三次旅行中忠实的随从，即于田的伊布拉音老伯克，多亏他给我提供了这个证据。除了跟随我一起访问，1908年4—5月他在米兰还待了很长时间，当时他陪着拉姆·辛格在那里执行不幸的任务。作为地主，而且特别精通浇灌事务——在我第二次探险前后相当多年，他是策勒绿洲主管水渠的"米那布伯克"——他自然对米兰的灌溉感兴趣，并就此题目亲自进行了调查。伊布拉音伯克的观点是，米兰河可利用的供水，不比若羌差，而且，虽然由于移动的河床、多石的土壤等所构成的地面情况对修建灌溉渠道而言不如若羌便利，但是米兰的灌溉资源如果能有策勒那样多的劳力条件，则将足以满足达500家的移民队所需，而不是目前的24户。它们到底是否会被充分利用，以及这样一个拓居地是否会成功地应付河床的大变迁所带来的困难，只有等将来才能看到。

相同的陈述是否将适用于较早且远更重要的居住阶段——将进一步描述的遗迹证明米兰遗址在那一阶段的确被居住过，这个问题我们在这里不必去关心。但是，要了解吐蕃离开以后米兰完全废弃的情形，记住那些使这个位置变得对他们，也只对他们如此重要的地理事实就够了。

看一下地图就会明白，米兰的吐蕃人正守卫着对他们而言战略上最重要的地方。这片小绿洲是从塔里木盆地南缘绿洲、伊朗、印度及其以外的边区通往敦煌和甘肃的径道的关键。在米兰东面不远的阿其克布拉克或墩里克，这条道分为两支：一支沿干涸的大罗布盐湖南岸；另一支沿阿尔金山最北缘，向东相会于敦煌。与古代中国的中道（前面我们曾多次提到这条道，它一度经过楼兰）一样，这条南道是从公元前的最后一个世纪以来通往中国内地的一条主要交通线。它的重要在楼兰居址被废弃于约公元4世纪和供水的缺乏永久地关闭了古中道以后，一定极大地增加了。

但检查一下任何一张当代的吐蕃地图，将发现一个更使人信服的地理事实，这个地理事实迫使吐蕃在其政治与军事野心转向新疆时要坚定地控制米兰。就是在这片小绿洲，最便捷最实用的两条道出现了，它们从西藏中部和拉萨通往塔里木盆地。其一，直接自拉萨而来，商人以及从北面前往西藏朝圣的虔诚香客仍在走这条道，它穿过祁曼塔格山，然后下出江罕萨依河谷。没有其他穿过西藏高原和昆仑山脉的路能够为吐蕃的侵入直出塔里木盆地的主要绿洲以及天山边缘主要的中国交通线提供类似的便利。从西藏高原穿过昆仑山主脉的其他可能的路线：出且末、喀拉米兰和喀拉萨依河，都更长而且困难得多。出普鲁峡谷且距和田最近的那一条路，据我1908年的经验，可以认为是不能为商人和军队所通行的。

刚才提到的两条吐蕃道的第二条，经过最西面的柴达木富饶的牧场，在巴什库尔干并入从敦煌而来的山路，然后下出阿其克布拉克和米兰。因此，在米兰戍堡设立的吐蕃要塞，很方便地就守卫住这两条道，以及那些来自甘肃的道路。最近时代的一座废墟使我深刻认识到米兰对于自西藏高原而出的道路在军事上的重要性。当我1906年12月8日第一次访问这个遗址时，从河岸上的营地，我沿所走的商道向东走约1英里后，经过一座建造得很粗糙的大建筑，墙以木料和苇草筑成，环绕以一粗陋的木栅，坐落在一覆盖着矮树而多沙的平原上。它建于约10年以前，是为驻扎于此的中国军队的一支分队修建的兵营。当时一伙叛乱分子从西宁逃到柴达木，在山中穷困潦倒，伤亡惨重，于是想流窜到罗布淖尔。这支中国军队正是前来拦截这伙流寇的。我后来于1907年在哈密遇到了米兰戍堡的这位当代司令官，并听他讲他和他的战士们在这里整整阻击了一个夏天，经受了难以想象的苦难。

但是从刚才考证的地理事实看，很清楚只要米兰十字路口还是基地远在南面的吐蕃军队的安全屏障，在米兰遗址设立的军事戍堡就将保持其特别的战略价值。吐蕃势力一旦从将塔里木盆地和吐蕃居住地分隔开来的那些不适于居住的大山以北消失，米兰就迅速变得无关紧要。因为沿古代南道从和田和其他绿洲到敦煌以至中国内地的无论什么交通，在回鹘、早期伊斯兰和蒙古时期，若羌提供了更加便利和更好的补给休整处。因此，我们能够很容易地明白，为什么马可·波罗的报告中没有提到米兰。我们已经知道，他所说的"罗布城"，位于若羌。当这支威尼斯人的商队从此走进"罗布沙漠"时，废堡崩溃中的城墙俯视着他们远去，但无疑它们与现在一样是静寂的、废弃的。

第四章

米兰古代佛寺

第一节　佛塔 M.II 遗址的雕塑残片

在废堡垒发现了证明该遗址后来被占领的大量遗物使我备受鼓舞，挖掘工作的进展又足以让我抽出一部分民工派往佛寺遗址 M.II 遗址亦令我高兴。这个佛寺遗址是 12 月 8 日首次被清理的，当时进行试探性清理就发现了一些外观明显古老的雕塑碎片，令我觉得有希望进一步找到可将该遗址的历史回溯得更远的遗物。

这个遗址位于堡垒东北方约 1.5 英里，距离荒芜的戈壁萨依与北面浓密的红柳树林分开的那条线有数百码。佛寺 M.II 遗址附近地面仍旧相当开阔，地表的黏土层上覆盖着一层细沙，正经历着风化过程。在一个显然是这座佛寺主要建筑物的表面，风蚀留下了深深的痕迹。这是一个土坯砌成的结实的长方体，从外表很难

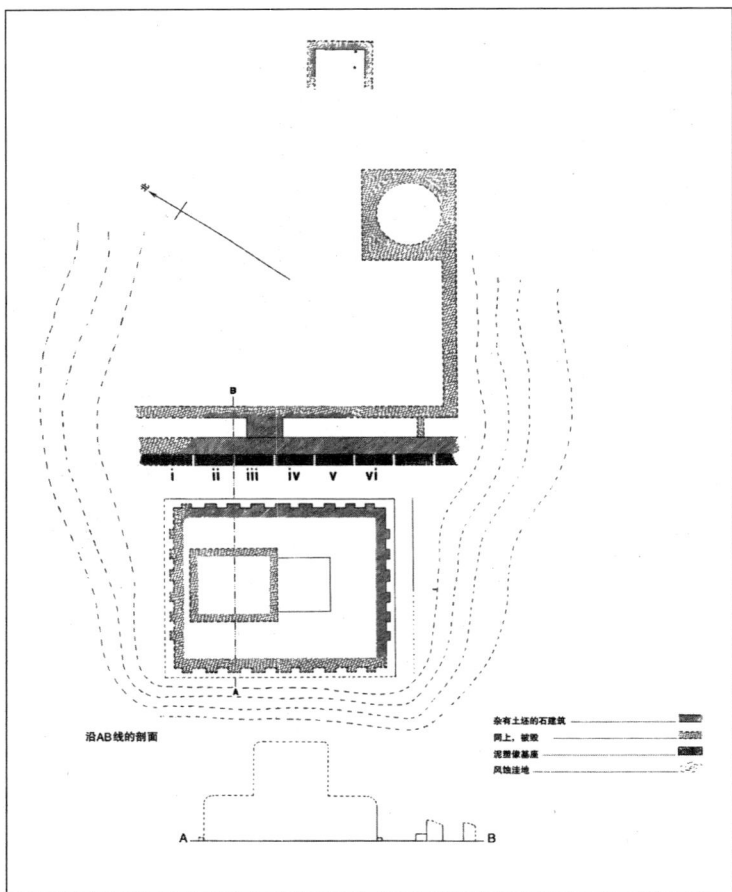

图 71　米兰 M.II 佛寺平面图

辨认出是何物。不过一下就可以看出它有两层，后来清理丈量，其底层的长边为46英尺，短边为36英尺，如图71所示。其高出原始地面的部分有9英尺。在这一个结实的平台或基座之上是第二层，同样呈长方形，但毁坏得更严重，如图72所示。其勉强可以画出的平面图边长分别为17.5英尺和15英尺。尽管由于盗墓者的挖凿，第二层已十分破败，但其高度仍有11英尺。该建筑物的四角分别大致朝向东、南、西、北四个方向。

因为风蚀的破坏，第一层表面的灰泥涂层和装饰早已荡然无存，基座的西北、西南面也裸露着。但是沿着东北面及东南面一部分壁脚，堆积的碎泥块中露出残存的泥塑浮雕上露了出来。将这些碎泥块清除之后可以看出，在这两面突起的墙面之间均匀地装饰着成排壁龛，表面抹了厚厚的灰泥。壁龛深约8英尺，宽度略有差异，平均宽度约2英尺，壁龛两侧的突柱间距大约同宽，其下是宽约1英尺4英寸、高近1英尺的柱基。第一层平台残存的灰泥表层没有一处的高度超过4英尺，但已足以清晰地显现建筑的设计和浮雕装饰的风格。

在这些壁龛内曾一度有浮雕泥塑像，其尺寸可能略小于真人，其中东北面中央的壁龛内尚存有一高约2.5英尺的披衣男像的腿部（图72），残存的衣襟有很多褶，从髋部两侧垂下来。其余壁龛中的雕像只有从残存的脚部尚可约略辨出。不过，从碎泥堆中找出了一些泥塑块，大多很小且破坏严重，大概就是这些雕像的残物，如M.II.002是左肩部，还连着胸部和颈部的一部分。从其大小即

图72　米兰佛寺 M.II 遗址东北面，发掘后，自东望

可得出上述推断，这些雕像代表立佛，其样式与我在和田附近发现的沿热瓦克寺院外墙排列的大量巨型雕像相仿，后来发掘出的头像 M.II.006 验证了这一点。这个头像属于这些雕像中的一个。

最令我吃惊的是，饰以浮雕的壁柱突起的表面装饰受到珀塞波利斯式的影响。它们令我觉得这个建筑物的年代相当久远，此后进行的深入检查完全证实了这一点，因为这些装饰的形状与印度—波斯风格的壁柱装饰惟妙惟肖。而后者是犍陀罗浮雕装饰艺术最流行的组成成分。如果将图72所示的壁柱与富歇先生在探讨希腊化佛教雕像所吸收的印度—波斯风格时提到的浮雕作品进行比较，这一点更是显而易见。壁柱自柱基开始呈圆形向上逐渐变细，最先是一个突起的碗状球形，其上是两道依次变小的装饰圈，柱体由此开始变细。然后是一个钟状物覆盖其上，在其上又是一个双耳托架，其尺寸不固定，但托架两端一律以一个下弯的涡形收尾。壁柱的顶端是一个狭窄的顶板，尽管排列方式会有变化，但上述所有特点在寺院建筑物的许多浮雕作品中均可发现。

　　将我们在佛寺 M.II 基座的泥塑装饰与前面提及的犍陀罗雕饰相比较，在如下两方面非常具有启发性：首先，它清楚地证明这种装饰的建筑设计（即浮雕塑像位于壁龛内，壁龛两侧以印度—波斯风格的壁柱分隔），是直接从希腊化佛教艺术借鉴而来的。在那些雕饰上可以看到壁柱通常位于壁龛两侧，其上往往覆以印度马蹄形拱顶，拱顶上雕有反映佛教崇拜的小浮雕像。在印度西北边境希腊化佛教艺术发源地发掘的大量寺庙遗址证明，这样的设计在佛塔的实际塔基与寺院的墙壁装饰中十分常见。其次，米兰遗址壁柱顶端双耳托架的形状蕴含着独特的考古学价值，它精确地复制了在一些犍陀罗浮雕中取代了原始珀塞波利斯式双托架的那种简洁形式，后者由一对动物形象构成，通常是两头背向伏踞的公牛。[1] 在米兰壁柱双托架上，两个下弯的涡形端头是一个突出的特征，在犍陀罗作品中也表现得同样鲜明。楼兰遗址出土的木质双托架则为我们提供了实例。其中两个标本出自古代中国要塞 L.A（如图 17 所示）。另两件标本是 1914 年我在 L.K 与 L.M 废墟中发现的，二者年代相同，它们的涡状端头有了更彻底的发展。关于犍陀罗与楼兰雕塑的这些相似的特点会如何有助于确定米兰佛寺的近似年代，我们将找机会作进一步探讨。

基座表面上部原有的泥塑装饰现已荡然无存，但是从东北面一个壁龛内遗存的立像的大小可以看出，这些壁龛原先要更高一些。从尚存约 5 英尺的高度看，壁龛两侧突出的墙壁上似乎还有第二排泥塑壁柱。这种排列方式与犍陀罗现存佛塔基座及寺院墙壁的双重壁柱相吻合。不过目前我尚未能在犍陀罗找到这样的实例，即在单排壁龛两侧没有这种双层壁柱。第二层上已严重毁坏的建筑究竟是何物则更难以猜测。不论其呈长方形平面及位于基座一侧的位置，还是其尚存一定高度的长方形外观，都无法让人看出这是一个佛塔的底座。它更像是一个平台，紧靠着塑有主要寺院泥像的那堵墙，这些塑像的风格与安迪尔寺庙及敦煌千佛洞

---

1 在我看来，两端的涡状垂饰可能是对动物的前腿所作的习惯性演变，悬垂在这些印度—波斯式双托架的原型及其变形在同一幅浮雕的建筑图案中有所表现。

的是一致的。[1]除了一根木梁（图72），对第二层的清理未发现其他任何东西。这根木梁原先一定是嵌在第二层的上部建筑中，但此时被埋在盗墓者挖出的松软土堆里。

我们对堆积在基座东北面的黏土泥块的清理工作要幸运得多。那里出土的遗物完全证明了这个废墟是一个年代久远的寺院。我第一次去那里时，曾对那一侧靠近中间的堆积物进行过清理，结果找到了一个用软泥制成的巨型头像。尽管被毁坏得很严重，但还是可看出其制模比例受到希腊化佛教的影响（图73右侧头像），与1901年在热瓦克佛寺内出土的大批浮雕情况相似。彻底清除完全占据寺庙中部的一条通道西北边的大量堆积物后，我们很快就在其北面角落发现巨佛头像（图73左侧及图74）。头像所在位置高出原始地表3英尺，面部朝下，落在一层沙子和碎泥块上，所以破损较少。其面部尚残存条状的白色表皮，以及用以代表头发的黑色小螺纹。除了头发的惯常表现形式，这个头像的风格与热瓦克出土的泥塑佛头像十分相似。

头像从下巴至残存的头顶部的尺寸是19英寸。由于这个头像及寺庙中其他塑像都只用粗黏土拌麦秆制成，所以搬移这个沉重而易碎的泥团颇费周折。好在其木质内核虽已腐坏，但仍被裹在

1　我于1912年在沙赫里—巴合娄尔发掘的遗址E中两层平台长方形底层的平面图提供了一个奇特的相似参照物，这个平台似乎最初属于一座佛教寺院。但是遗址在后来的变迁中被毁坏得很严重，无法提供任何可靠证据。

图73　米兰佛寺 M.II 遗址东北围廊中发掘出的泥塑大佛头像（ⅱ、ⅴ）

里面，其表面的灰泥尽管也很松软，可能掺了大量毛发，倒还结实。这个原因，再加上认真细致的包装，才使得头像安全运抵伦敦。随后在坐像 ⅳ 面前又发现了第三个头像，虽然它与其余塑像属同一类型，但这个面部朝上埋在硬土堆里的头像破损严重，面目全非。

　　对寺庙东北走廊的彻底清理确定了这些巨佛头像的来源问

图 74 泥塑大佛头像

题。这条走廊宽10英尺多，其外侧墙壁有一排巨型佛像，盘腿而坐，从其手部的姿态及躯干部残存的衣饰可断定是佛像。图75所示为这排佛像的北半部（躯干 i~iv），图76所示为南半部（躯干 iv~vi）。虽然尚存的佛像基座共有8个，但只有6个上面还存有塑像的躯干，而所有这6个塑像除了盘着的腿和合掌的手，再无他物留存。这些佛像两膝间的尺寸在7英尺~7英尺3英寸，膝部在

图 75 米兰佛寺 M.II 遗址东北围廊中发掘出的巨型泥塑坐佛像碎块 (i~iv)

脚的上方向外伸出。塑像躯干所置身的基座长约7英尺6英寸，宽
2英尺4英寸，高1英尺4英寸。基座间的距离前面仅6~7英寸，
后面靠墙部分稍宽。

这些巨型坐佛像原先的姿势是禅定印，但只有躯干 iii~v 尚
保留有叠放在膝上的手部来作为佐证。衣饰是按照我们在犍陀罗
雕像已见过的禅定印姿势的特定方式来布置的，这种布置方式在

图 76　米兰佛寺 M.II 遗址东北围廊中发掘出的巨型泥塑坐佛像碎块（iv~vi）

热瓦克出土的佛像中也十分普遍。所有躯干上衣饰的中央部分都
垂在手部以下，呈三个同心的、在犍陀罗与热瓦克浮雕中都可见
到的垂花式褶痕，不过，在 i 和 ii 褶痕呈宽约 1 英寸的阳线，而在
iii~v 则以狭窄的双阴线代替。在这些中央褶痕之下僧袍的边缘都
表现为卷曲的波纹状线条，与热瓦克佛寺庭院某些浮雕像衣饰的
边缘相同，臂部与膝部的褶痕全都以常见的多少有些平行的双阴

线表示。这种以浅阴线表现褶痕的倾向在某些热瓦克雕像及其他地方也可见到。这些躯干裸露的表层灰泥中掺有大量植物纤维或毛发的混合物，在 iii、iv 表面的泥层上尚残留着在热瓦克雕像中常见的淡淡的红色。

回想起在热瓦克佛寺庭院，我曾在大型立佛泥像间发现留给

图 77 米兰佛寺 M.II 遗址东北围廊中发掘出的泥塑大佛头像

小泥像的空墙，所以在清理大塑像基座之间的空处时我格外小心。但我只在 i 与 ii 之间发现了一个小塑像的基座，残存的脚部与衣饰表明这可能是一座高约3英尺的浮雕像。ii 与 iii 之间是一个空当，不过它对那个曾属于第三座塑像的大型头像起很好的保护作用。如图77所示，这个头像被发现牢牢地嵌在该塑像与右边塑像的基座之间，依然直立着，其面部几乎未受损。其表情与某些造型细节，如分开的下颏与其他三个头像不同。根据发现的地点，这三个头像分别属于塑像 ii、iv、v。

其他泥塑残存塑像 iv 的头像仰面落在其躯干之前，如前所述，它被发现时已严重损坏。不过，奇怪的是我们在这座塑像的左膝发现了另一尊尺寸与真人相仿的佛陀头像。除表面略有剥落，基本上保存完好。从大小看，它极可能属于对面通道墙壁上壁龛内的一个塑像。根据我在热瓦克佛寺发掘过程中的观察，这个头像可能是被最后一位参拜者因为担心它要落下来而搬到现在这个位置的。这里值得注意的情况是，在这座寺庙遗址中没有任何因失火而遭破坏的痕迹，同时，一块壁画的小碎片表明寺庙的墙壁曾涂过颜色。

在清理塑像 iv 基座前的堆积物时找到了遗址中最重要的小"发现物"。这是一张支离破碎的对折棕榈菩提残页及另一页的碎片（图78），用梵文书写。我当时就认出上面的婆罗米文字母是一种早期笈多字体。那张残页长6.5英寸，宽2英寸，每一面各书五行字，它距塑像基座很近，显然是被从残破塑像上剥落的泥屑堆

图 78　梵文贝叶写卷残片

积物埋在下面。发现的位置表明它原先是作为还愿的供品放基座
上的。我在初次考察丹丹乌里克寺庙遗址与安迪尔城堡时就曾发
现过这种情况，后来从喀达里克寺庙出土的大量手写文书也证明
了这种情况。根据霍恩雷博士的报告，这页棕榈提上书写的是一
段话，其材质表明它书于印度。从浅淡的字迹判断，它的年代要
早于库车的鲍尔文书，霍恩雷博士倾向于将其年代定于公元400
年前后。没有什么特殊的理由让人相信这个文书在当时存放时就
已十分古旧，而这么易碎的材质也不大可能使这页文书在堆积物

落下并掩埋它之前经受长期暴露。

这一发现所提供的年代证据与这座寺庙被废弃的时间问题有密切关系。不过在考虑这个问题之前，我先要完成对残存建筑的特点的描述。在西南、西北面，地基结实的土坯壁上原有的泥塑装饰几乎已消失殆尽，紧挨它的地面因为风蚀比原始地面低了4英尺多。对于围绕寺院的通道，则无法探知任何事。在东南面，一堵外墙只剩下数英寸高的少许遗迹，表明这一面通道的宽度只有3英尺8英寸。这座建筑的东北面曾饱受风蚀破坏，这一面通道的泥塑装饰为何能保存下来颇令人费解。不过，随后的挖掘很快消除了这个疑团，在这条通道厚3英尺6英寸的外墙旁，还有一道平行的厚土墙，间距不到5英尺。

这堵墙及两墙间隔中的堆积物起到了防止风蚀的作用。不过，与被它挡住的建筑物一样，这堵土墙也破损得很严重，已无法判定其用途。它可能曾是一个僧院建筑或小礼拜堂的庭院。奇怪的是，上述两堵墙之间的空当以及大型塑像躯干 iii、iv 后面砌了近7英尺长的结实的土坯墙壁。我无法解释其用途，除非它可能是用来支撑通向寺庙第二层的台阶。因为我尚未发现从其他地方登上第二层的迹象。不过，关于第二层建筑的所有问题显然都是猜测。

从图71中可以看到，外边的这堵土墙向右折向东北方，与之毗邻是另一个较小的厚建筑物，其一边的墙壁仍有四五英尺高。该建筑物约19英尺见方，围着一个直径约13英尺的圆形房间，其上可能曾有圆顶。在我看来，这些被严重毁坏的遗迹令人清楚地想起那些外方内圆、带圆形房顶的寺庙或寺院，我在斯瓦特河谷至克什米尔之间就已见到很多。遗憾的是在坍塌的墙内侧已找不到任何考古遗物，在东北方约6码开外的一个毁坏得更严重但地基幸免于风蚀的内殿中我也一无所获。

随后当我对寺庙主建筑东北通道后面两堵平行墙壁的南端夹着的狭窄空地进行清理时，发现这里堆积了7英尺厚的羊粪和马粪。不过唯一的发现物是一块用山羊毛编织的粗厚结实的物品。另一块相似的畜粪结成的硬块构成了紧挨着的破墙的上部，这表明在寺庙破败很久以后，其遗址被牧人和其他人当作落脚点，附近地面遗存的植物则与喂养牲畜这件事相吻合。在尼雅遗址和楼兰遗址，我都曾注意到这种完全相同的情况，即一个曾有人居住的地方都要经过一个过渡期，才最终变成不毛之地。

由此引出了一个尚待探究的重要问题，即这座寺庙建造与废弃的大致年代分别为何时。前文所述对现存遗物的观察，我认为足以证明寺庙建造的年代早于吐蕃人占领此处的时间。而在此未找到任何具有吐蕃色彩的遗物则说明，这座寺庙的废弃年代很可能也早于吐蕃人占领此地的时间。不过，如果将已得到的各种迹象综合在一起进行简短的回顾，会有助于我们得出更准确的年代。

首先，从寺院基座的建筑装饰我们得出一些确凿的线索。我们已经看到，印度—波斯式壁柱使其与犍陀罗的希腊化佛教样式密切相关。尤其应该强调的是，从塔里木盆地其他遗址，以及似乎可以证明米兰壁柱确切年代的上下限的标本中，都可以找到这一建筑成分的踪影。关于遗址年代的上限，前文曾提及的出自楼兰3个不同遗址，带下弯涡形的木质双托架提供了重要证据。它们证明这种形状，如 M.II 壁柱所示，早在公元3世纪就已在整个罗布地区的实际装饰应用中流行。考虑到新疆佛教艺术对希腊化佛教样式所采取的极其保守的处理方式，我们很有理由怀疑，这种印度—波斯式双托架的特殊形状流行的末期，对于那些出自安迪尔和达玛沟一带的发现物而言情况是否也是如此。因为它们证明，到唐代末期，这种双托架及支撑它的印度—波斯式立柱已经发生了明显的变化。

先来看双耳托架，从喀达里克西北—北方向数十英里外的法哈特伯克亚依拉克遗址出土的双耳托架，为我们提供了非常有趣

图 79 双耳木托架

图 80　喀达里克佛寺 Kha.ix 遗址，发掘后，自南望

的木质样本，很值得注意。这里，我们得到的无疑是一件晚期变形体。在它变了形但仍清晰可辨地带涡状端头的印度—波斯式双耳托架之上，顶着第二个与尼雅遗址的双托架几乎一模一样的托架（图79）。我们在喀达里克寺庙遗址中一对木质双耳托架上，也看到同样的组合。在此，托架下半部表现为印度—波斯式双耳托架的晚期变形，涡状双耳成为顶部与底部非常醒目的特征。其上

图 81　安迪尔遗址唐代城堡
E.III 发掘出土的木柱

半部为一个尼雅遗址式的双耳托架，处理得非常简洁，两个端头向下的表面没有雕花纹。对照法哈特伯克亚依拉克与喀达里克的样本，似乎给我这样的印象，喀达里克遗址是在唐代被废弃的，约在公元8世纪末。而法哈特伯克亚依拉克遗址很可能属于唐代以前的年代。

　　在法哈特伯克亚依拉克和喀达里克都未找到支撑这两种双耳

托架的柱子。不过，在喀达里克遗址至少从 Kha.ix 出土的带螺旋纹的木柱（图80）提供了一个反映这些柱子大概外观的样本。其圆锥形外形、丰满的球形底座十分明显是出自犍陀罗浮雕中的印度—波斯样式。不过同样明显的是，它代表了比米兰泥壁柱更晚的印度—波斯样式的晚期变体。对我在安迪尔城堡（E.III.iv）主厅进行重新挖掘时发现的两根精美木柱（图81）进行同样的考察，我们看到，在柱体上端附加了圆缘线，标志着晚期的精细，但从柱基和鼓形柱顶我们可以更加清楚地看出印度—波斯样式的本质延续。

这些安迪尔木柱所提供的考古学证据对于确定米兰寺庙的年代具有特殊价值，因为我们已确知，它们所在的建筑物建造于公元645年与公元719年之间，可能更接近前一个年代。如果我们充分估计从仍明显具有犍陀罗原型全部基本特点的米兰木柱演变为安迪尔和喀达里克这种晚期形式所经历的时间，结论可能就是，米兰寺院 M.II 的建造年代不可能晚于公元5世纪。

对年代下限作这样的推断，则雕塑遗物所提供的证据就很吻合了，因为这些遗物的图案在风格或技巧上与热瓦克佛寺浮雕大量存在的图案（其年代很可能处于公元4—7世纪）没有本质上的区别。不过，必须牢记的是：其一，很遗憾 M.II 的雕塑残片所存很少；其二，对源自希腊化佛教艺术样式的因循自始至终都在新疆的佛教雕像上留下深深的印记，因而雕像的样式对确定寺庙的建造年代并无特殊意义。

有一点很明显，那就是必须将这个问题与寺庙被废弃并沦为废墟的时间问题严格区别开。现存的唯一确凿证据就是前文提及的梵文棕榈叶菩提残片，因为它属于公元4世纪到5世纪，所以就提供了一个可靠的年代上限。至于年代下限问题，我认为要充分重视未找到一件吐蕃文书的遗物这个事实，并倾向于由此得出的这样一个推论，即（寺庙的）废弃发生在吐蕃占领之前的某个时期，大约在公元8世纪中叶。有关这个问题的证据都属于纯粹的否定式证据，情况确实如此。不过，在我看来，下面这些事实具有格外的重要性，即喀达里克和安迪尔的寺庙遗址中出土的婆罗米文书明显晚于 M.II 的菩提文书，与这些文书一同发现的大量吐蕃文文书和残片则证明，在吐蕃统治下，佛教崇拜仍在这些寺庙中得到延续。对这个米兰遗址的清理因而使我充分相信，该遗址的历史要古老得多，而且它以某种方式为我在后来的挖掘中发现的、证明上述看法的更令人震惊的证据做了预备。

第二节　佛寺内殿 M.III 及其壁画

1月31日，当大多数民工还在忙于重新掩埋从吐蕃堡垒中挖出的营房等地方时，我已经在堡垒西—北西方向约1英里的戈壁萨依上矗立的一组低矮的土墩上开始工作了。我一到这个遗址就对在一条古代水渠留下的土丘东侧发现的一组五个土墩进行粗略的检查。我的印象是，这些土墩就是破坏严重的普通的佛寺遗迹。

图82　米兰佛寺 M.III 遗址，发掘后，自东望

尽管土坯结构的硬度表明了它们的年代古老，但找到令人感兴趣的考古遗物的希望十分渺茫。不过，当时我的注意力就被最小的土墩 M.III（右边第三个如挖掘后图1所示）的古怪外观所吸引。不合比例的大台座最上面的碎片中露出保存完好的小圆屋顶的冠顶轮廓。

　　当我开始清理这个土墩脚部及东面更厚的碎片时，很快就发现一条宽约2英尺6英寸的狭窄过道遗迹，好像曾围绕在约29英尺6英寸见方的主台座四面。东面中部破坏最少，仍然可见，如图82所示。稍做清理后东面的结构就显现了出来。地面高出地平面约2英尺，似乎未受到任何可察觉的风蚀。等外面坍塌的土坯碎片清理完毕，我立刻意识到，此刻清理出来的坚固的建筑物根本不是什么台座，而是一座外方内圆的寺庙墙壁的一部分。其上曾有一个圆顶中心围绕着一座小佛塔。第一次快速检查时吸引了我的目光的就是这座佛塔结实的圆顶的冠顶。此刻，它对寺庙内部建筑设计所给予的启发极大地促进了系统的清理工作。从穹顶及墙壁上部落下的大量碎片已经填满了围在佛塔台座左边宽约6英尺的环形过道。佛塔的台座同样呈圆形，直径约9英尺。堆积的碎片在原生地面之上仍有8英尺多高，对佛塔起到了保护作用，使其灰泥表面及台座精致的装饰花纹保存得相当完好。不过，在西侧，"寻宝人"（可能是老手）在内殿墙壁上原来的入口处挖了一个大洞，穿过内外墙之间的堆积层一直挖到佛塔的基座（如我们立即发现的）。

清理工作完成后，对显露出来的遗址的其余结构特点就比较容易描述了。圆形内殿内部是由开在边墙中央的窗户提供采光，它们分别大致朝向南、东、北三个方向。窗子宽约2英尺3英寸，尚存的底部向下延伸到距地面2英尺8英寸处。因为前面提到的那个洞，原来开在西墙上的门洞的尺寸已无法确定。围绕着圆顶内殿的墙壁在开有窗户处厚仅4英尺，到四角处逐渐变厚到10英尺，墙壁由晒干的土坯砌成，土坯掺了大量麦秆，非常结实。土坯长16英寸，宽10英寸，厚5英寸。原来覆在内殿上的圆顶的结构已无法确定，因为支撑它的墙从弯拱开始处以下已全部坍塌。环绕在四方形内殿外侧的过道地面的残存物也没有提供任何有关过道

图 83　米兰 M.III 佛寺遗址的佛塔和圆形围廊遗迹，自西南望

宽度、过道顶高度等问题的证据。不过我们可以有把握地猜测，如果这个过道有外墙，而且不仅仅是作为一种环形走廊而建造，那么在与内殿墙壁上窗户相对应的地方，也应该开有窗户，以使寺庙内部得到充足的光亮。

位于内殿中央位置的小佛塔（图83）总的来说保存完好，仅基座被"寻宝人"挖出一个洞，圆顶南侧遭到破坏。这个窣堵波现存高度是内殿地面以上近13英尺。根据图119所见的残迹判断，这座佛塔原来好像要高大很多。我认为这个残迹原来是一个四方形的基座，与之前探讨吉德拉尔佛塔石刻相关问题提到的那个相呼应。这座佛塔的特殊之处在于其基座是圆形的，而不是我在塔里木盆地其他地方考察的佛塔遗址中常见的方形。这也许可以这样解释：之所以选择这种在印度及西北边境佛塔中常见的圆形基座，是因为考虑到狭小的圆形内殿中空间很有限。

　　基座的底部直径9英尺，高9英寸，上面是内收的鼓形，高1英尺6英寸，上下两端分别饰以相同的塑边造型。接着是平坦的另一级，高9英寸，与最低一级直径相同。再上面是一组连续的小阶梯状的塑边造型，总高不到6英寸，在此之上是一个高约2英尺3英寸的圆柱体鼓形塔身，用来支撑圆顶，它和圆顶的直径都是6英尺8英寸。在鼓形塔身与圆顶之间是一条突起约4英寸类似饰带的塑边造型装饰，这个特点在帕克托里迪尼佛塔雕塑、尼雅和楼兰的木质佛塔上都可以同样清楚地看到。至于这种处理方式是否以某种方式表现三层基座的布置（我们有理由认为基座的这种布置是塔里木盆地佛塔的惯例），就很难搞清楚了。不过，值得指出的是，相邻寺庙 M.V 中佛塔的圆形基座对这个意图表现得更为明显。基座表面的灰泥层相当坚硬，而且在那条突起的塑边造型装饰的土坯垛里有一层树枝进行加固。鼓形体灰泥层表面的浅浮雕表现的是菩提树和三宝符号，这些浮雕也是佛塔上仅存的

图 84　米兰佛寺 M.III 遗址墙裙上的蛋彩壁画残片

装饰。

当天下午，在环形过道清理过程中，不断从它东北和东南段的堆积物中发现着色的灰泥壁面碎片，它与内殿内侧墙的区别也愈发确定。清理工作仍在继续，从寺庙 M.III 东北和东南段环形过道的碎块中，很快不断露出一些着色的灰泥壁面断片，当挖掘到距地面约4英尺时，发现了绘画护壁（图84），护壁上展现出精美的有翼天使半身像，我吃惊得几乎不敢相信自己的眼睛。我没有想到，在靠近荒凉的罗布淖尔盐碱大漠的地方，在似乎是佛教从中亚通往中国内地的最后要塞的废墟上，能见到古典天使像的晚期作品。这些优雅的头像让人回想起早期基督教艺术中的相似形象，它们出现在这个佛教寺院的建筑物上，究竟做何用途？

为防止损坏，在沿着东北和东南壁的残存护壁，我赤手逐个精心清理这些天使像。这时我不能再怀疑，这些壁画中的古典影响远比我迄今为止在昆仑和兴都库什山之南北所见或所闻的任何古代绘画艺术遗存更为显著。在我看来，这些有翼天使半身像那充分睁开的大眼睛上露出的愉快神色，微敛的小嘴和轻微内钩的鼻子所蕴含的神态，有许多因素使我忆起多年以前在极远的西方收集到的那些精美的、具有地中海东部及爱琴海沿岸国家和岛屿中的居民相貌特征的头像。我们保存有这些属于希腊化时期的法尤姆木乃伊的头的画版，其中有些呈现出不甚明显的闪族血统特征的痕迹，这似乎支持了这样的观点，即与希腊化的近东存在直接的联系。图案形式相近，细节表现简洁熟练，这也表明，在图式和布局结构上，装饰者都是在重复一种远源的图案。然而，生动率直的眼神和身体的姿势中似乎还有一种灵活与富于变化的艺术感的表现，以及甚至在短鼓翼优雅向上弯曲简洁流畅的轮廓线之中。当我最初被迅速检查中所显露出来的许多现象弄得非常困惑时，我至少还能够感觉到这种风格的作品不可能产生于吐蕃人占领期间或紧接于其前的中原王朝的治理时期，这是十分确切的。但我还想知道如何解释这些天使在处理上的独特的古典风格，以及如何理解这些好像是借自早期基督教肖像的图案的意义。这里的一个幸运发现提供了明确的古文书学证据，可以弄清其时代问题。

环形过道的西南段填满了破碎的砖块和业已分解的灰泥，我们从这些碎块中成功抢救出3件编织得非常好的浅黄色丝织品（图85），后来证明属于还愿标志或旗幡的局部；现残长约4英尺，原宽1英尺多。这3件丝幡饰有窄线条组成的两组编织带，它们红绿色彩和谐一致，纵贯整个丝幡；介于两者之间的空间，以一条红线分开；沿着这条线且在线上，用佉卢文写着九条短语，其中有五条是完整的，这些佉卢文的书写手笔非常整洁，与尼雅遗址的皮革和木简中发现的大多数佉卢文文书，或楼兰的书写得更为仔细的佉卢文记录中的没有什么不同。结果似乎证明，这块写有题记的旗幡被掩埋的时间，可追溯到接近于那些文书所属时期，即公元3世纪和4世纪初。从一开始我就对此种事实非常吃惊，墨迹色泽纯正鲜明，甚至无须那样的保护（对皮革文书来说是精心折

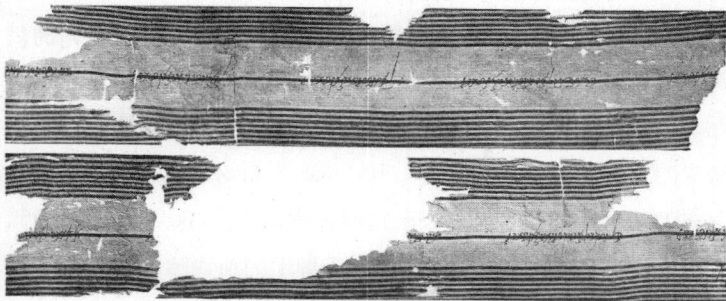

图 85 丝织品残片

叠，而对木简来说是木盒所提供的），结合丝织物未残处的优良状况，表明写有题记的这块丝幡的抛弃，未见得先于寺院的废弃有多长时间。而这又使我立即推断，作为对这些显然具有早期特点的壁画最简要的解释是寺庙 M.III 属于一个较古老的遗址，这个遗址大概在与尼雅、安迪尔和楼兰遗址相同的时期里变成了沙漠。后来米兰有一段时期为吐蕃人再占领，就此而论，在安迪尔所做的勘察为此提供了一个精确的对比。

每段短小的佉卢文题记末尾都反复出现相同的词，刚发现时我就想到，这些题记具有许愿的特点。这一点已经被我博学的同事阿贝·博耶先生对题词的解读完全证实。他已于1911年刊布了解读的结果。结果表明，每一段短题记都包含一个用印度俗语表达祈求某人健康的祝愿，有的是为其家人的健康。文中使用的一个短语 arughadachinae bhavadu，即梵文ārogyadakṣiṇāyai bhavatu，与在贵霜（Kuṣana）时代印度碑铭中常见的相同，其意是虔诚的供养人希望其供奉得到回报。保存下来的7个人名中，有3个已被博耶认出是普通印度姓名，即 Asagoṣa、Caroka、Ṣamanaya，与其对应的梵文形式是 Aśvaghoṣa、Cāruka、Śramaṇaka。我相信他认为两个女性名字 Friyāna 和 Firina 源自伊朗文，Fryana 则是众所周知的 Avestic 称号，这个看法也是正确的。Mitraka 既可能是印度语名字也可能是伊朗语名字，这取决于我们拼读的轻重。第7个名字 K'ibhila 目前尚未可知。

临近黄昏，就在我准备结束过道东段的挖掘时，碎片中露出大大小小的灰泥壁画断片。它们显然是从小圆厅墙壁的上部剥落下来，紧挨绘图护壁堆着，如反映下一步清理情况的图86所示。要解救这些剥落的壁画断片显然需要付出更多精力和时间。但是过道的西段和西南段"寻宝人"的破坏行为使壁画没有留下任何遗物，因此在这里可以毫无顾忌地进行清理，天黑之前已经发现了大量有趣的遗物。有编织精美的深红色丝绸长条。从其附近发现的泥块判断，这些长条原来是黏在塑像——比如放在寺庙门口处的——基座上的花纹上，木雕细小的顶部可能也出自此处，它的叶状纹令人想起科普特样本。

最奇怪的遗物是那些可能是该寺庙最后一批参拜者留下的供奉品。我们发现了一些人工制作的花，是用各种颜色的棉织物和丝织物熟练地剪出来的，而且很聪明地以木钉代表茎，以线丝代

图 86　米兰佛寺 M.III 遗址垮落下来的壁画碎片，出土自方形围廊的东北面

图 87　假花残片，有棉织物做背衬，假花用小木钉固定

表花蕊。通过几片结实的带花纹的棉织物碎片，弄清了这些花的使用方法，这些棉织物原先是用来固定花的背衬的。最大一块（图87）表面抹了一层涂成深蓝色的灰泥，仍有人造花被用小木钉固定在上面，用相似织物做的叶子和花蕊直接固定在灰泥表层。整个这一块明显是一个浮着莲花和水生植物的圣湖。在其他残片上，背景直接涂在结实的棉织物或丝织物上，别花的小孔依然还在。

在这个遗址上进行的第一天卓有成效的工作，出乎意料因而也是极其迷人地揭示出，古典绘画艺术的影响甚至到了罗布淖尔之滨。这是一个富有启发性的发现，同时也提出了许多新问题。其中一个就必须立刻面对，也具有实践性。对就要从土坑中挖出的这些精美壁画根本没有机会进行全面研究和保护，只能运走。而要把它们运走并安全地经过长途运输是一个重大的技术难题。壁画的残片要么还位于原处，要么成为大小不一的碎片散落在堆积物中，它们都是用蛋白调和颜料涂在底衬上，底衬只是一层掺了短芦苇草秆的易碎的灰泥。即便是仍粘在墙上的部分也出现了碎裂的迹象，而且已经变得非常松脆，已经剥落的碎片尤其如此，尽管它们的泥层要更厚一些。剥下和搬运这些松脆的灰泥块都要求全神贯注，而如何安全地处置它们也需要视实地情况而定。

2月1日整整一天我都用于从米兰的树林里采集大树，并将它们制成木板、木条等，因为艰难的搬运工作一开始就急需这些材料。不过，在试图抢救这些遗物前，完成对环形过道的清理以及将壁画残片出土的位置和状况进行详细记录也是必要的。我在进行记录、拍照这些初步工作以及其他后续工作时，不得不面对艰难的状况，刺骨的东北风不停地刮着，因为空间狭小，人只能长时间蹲着。现在，我立刻要对在清理过程中及之后进行的详细检查所揭示的壁画遗存物的处置以及整体装饰方案的特点进行记录。

除了现已完全毁坏的那个穿过西墙的门洞，圆厅中的环形回廊还有3扇窗户采光。窗户几乎分别朝正北、正东和正南开，距厅内地面高2英尺8英寸，宽2英尺3英寸；窗户与门洞环形墙壁分成四段，其下饰以一条彩色横饰带或护壁。只有东北和东南段墙壁保存有足够高度的灰泥面，这里的护壁有6个新月形空间，每个新月形凹弧中露出一个与真人大小相近的有翼男性肖像的头部和肩部。西南段几乎没有留下什么护壁画，但西北段靠近朝北的窗户却保留着两个包含有天使头像的半圆形画版，只是已经被涂抹得极差。因此可以肯定地认为，圆厅内壁上各段护壁的装饰设计是相同的。据此，设计中的护壁，它们分别在北窗的右面和左面，它们的半圆形画版的数字，应与标在设计图的一样，自 i 直至 xxiv。

有一条黑带将这一连串的半圆形连成一体。这条黑带宽近1英寸，贯穿整个护壁，并将半圆形画版和上部主墙上的壁画分开。以此作为护壁的顶部，其高度从室内地面算起达3英尺10英寸。沿顶线或弦线测量，每一个半圆形的长度约2英尺2英寸，而且表面略微弧曲。包括镶下曲边的系列条带，各半圆形的平均高度约1英尺6英寸。在这些连续的半圆形下面，伸展着一条宽约9

英寸的水平条带，内填八九条黑色波浪线，就从已损坏的灰泥面上能判断的部分而论，它曾向上伸入到两个半圆形之间的三角形壁中。在大多数地方，这条条带保存欠佳，却使人奇异地联想到海洋。其下面的灰泥画毁坏严重，不能显示出任何壁画的痕迹，即使曾经有过。

暂且将护壁上的天使形象及所有有关这些形象绘画处理的风格与技巧问题撇开，留待进一步探讨，下面我要描述的是曾用来装饰墙壁上部表面的壁画遗存。只有极少的这类壁画（用一个合适的但此处在技术上并不准确的简短术语）残迹还留在它们原来的位置上。护壁的半圆形上方，残留有少量灰泥壁画，只能看出几个小画像的足部及其外袍的下摆。如图86，在掩盖了半圆形 v 的剥落壁画断片上，以及图84中的天使 ii 之上尚可看见上述遗存物，我在笔记中还对半圆形 iv、ix、x 之上的此类遗存物作了记录。无论如何，这些毁坏的泥块都无法搬运了。

从堆在过道东北段和东南段墙角的碎片中，而不是在破损严重的墙上，我找到了一些蛋彩画断片，它们使我们对墙壁上部的装饰有所了解。最大的也是保存最完好的断片发现紧叠为三层斜倚在带有半圆形 iv~vi 的那段护壁上。图86的照片拍摄的就是它们在清理完小碎片后搬运之前的情况。它们得以保存下来的原因极有可能是在它们滑落下来之前过道内已经堆积了足够多的沙土和松软的碎片，阻止了因这样那样的原因从墙上剥离的壁画块跌落下来。似乎有理由这样认为，即最里边的壁画断片是最先被阻

图 88　米兰佛寺 M.III 遗址墙壁上的蛋彩壁画残片

止而未跌落的，它也是饰带中离护壁最近的部分。几乎无须指出的是，这些壁画断片滑落下来的墙壁在此之后仍直立了一段时间，否则它的坍倒必定会将它脚下脆弱的壁画断片砸得粉碎，可能是拱顶上剥落的碎片在墙壁坍倒之前将这些断片安全地埋起来了。

　　不仅从随后在相邻圆厅 M.V 中发现了几条壁画饰带可以类推，而且就 M.III 中起码存在两条饰带的现存断片而言，可以断定，在墙壁的护壁之上部分的装饰中，包含有超过一条的绘图饰带。沿我们现在就应该讨论的大壁画块（图 88）的顶端，有一条黑色饰带，其上还有一条灰色饰带的残迹。也出现了一条白色饰带和一条灰色饰带，很明显，在上述断片中，都存在相同的3条饰带的残迹。

在《沙漠契丹废墟记》中，我已经详尽记录了在极其小心和努力之后才得以成功的高难度操作，即将一度属于这些壁画饰带的易碎的绘图泥块断片抢救出来，再将它们安全地包扎好，使它们在经历了几千英里大漠高山间的跋涉后依然完好，没有再出现新的明显损伤。在当时，我对能否在这样的路程和地表情况下将这些易碎的泥块安全运抵并保持尚可仔细布置和研究的状况，没有抱太大希望。直到3年后，在我的第二个助手德鲁普先生的帮助下——安德鲁斯先生得以将这些如此之大而又保存完好的残画版及一批相当数量的小画版拼到一起，我才有充分的理由对我的努力感到欣慰。

这些断片的成功抢救，使安德鲁斯先生和富歇先生这样的专家得以对中亚佛教艺术史的许多重要问题进行审视，而仅凭我在即使较从容的情况下所记的笔记和拍摄的照片则不可能保存足够的资料。同样，如果不是从寺庙发现的相似的壁画饰带提供了确凿证据，以及其中对故事的处理方式如此明显地表现出与希腊化佛教艺术（如我们在犍陀罗塑像所见）的联系，我就不可能立即开始对绘图饰带的少量残存物进行研究。假如我们先对这些壁画断片进行考察，就可能更易于我们随后确定这些护壁上迷人天使的真正世系和重要性，否则，它们就会令我们感到迷惑。

正是这种与佛教艺术的联系，使得米兰佛寺的壁画残片备受关注，不管它们有多么破碎。在印度还没有出土一件与犍陀罗佛教塑像在年代和来源上相应的绘画艺术作品遗物，而且，除非巴米扬石窟寺或巴克特里亚出土文物中有这种遗物存在，否则，一个注定要对中亚及远东绘画史产生深远影响的艺术发展早期阶段就永远与我们失之交臂了。我们目前拥有的任何考古学证据似乎都证明，从米兰的壁画中我们找到了与猜想中的中亚佛教艺术原型最为相似的样本，而这在其发源地已无踪迹。正是基于这一点，我们要认真地探究这些碎片究竟能告诉我们什么。我认为，更值得重视的是，我们从中可以发现它们与更西边的古希腊艺术东方化形式之间的联系。

下面对这些壁画的技巧作一个概要分析。这些壁画都是以蛋彩绘在薄薄一层帕里斯泥上，这层泥被娴熟地铺在黄土背衬上。在白色的帕里斯泥表面，涂有用氧化铁制成的浅红色颜料，是在泥层未干时涂上的，以充作底色。底色之上注意各种颜料中是否有胶料不好断定，不过看起来很可能有。应该的是，这种以薄薄一层涂有氧化铁颜料的帕里斯泥作为背衬的方法，在和田地区一直沿用至唐代。阿瑟·丘奇先生的分析证明喀达里克的"壁画"也是如此。

我已经举出的理由证明，墙壁装饰包括我在这里发现的护壁之上环绕圆厅的至少两条饰带。我们可以有较大把握地认为图88属于这两条饰带中低处那条（图88绘制了色彩保存完好的这块画版）。由于其较大的尺寸及由其主题、细节所显示出的重要性，这块画版为我们重新考究这些解救出来的壁画残存提供了有益启发。这块画版由两片碎块拼接而成，长 3 英尺 3 英寸，高 1 英尺 10 英寸多，出土时是断开的，发现于半圆形 iv、v 之下的护壁脚，距离墙壁很近，在另两层绘图泥块碎片后面，如图 86 所示。这个位置极有可能表明它们是从紧挨着天使之上的墙上剥落下来的。沿现存背衬上端有一条黑色宽带，旁边有一条灰带的残迹。如前面所述，这条黑带属于分隔上述两条饰带的第三条饰带。为了保护这些易碎的绘图泥块不遭受进一步破坏，同时也为了保证其安全修复和处理，有必要更换其平整的表层背后易碎的黏土和麦秸，在表层涂一层帕里斯泥衬底的重彩。作为一个初步保护措施，将原来粗糙的背层去除掉是绝对必要的，否则，与这些遗址中所有黏土残存物一样，已经大量渗入的盐分在受潮后就会侵蚀着色的表面，这种潮湿是将帕里斯泥黏合在一起所必需的。不过，没有这一预备措施，也不可能精确地把散开的表层碎片拼接起来，或者使一些大裂纹合拢。这些极其精细的工作即先将同一画版断开的几个碎片背面的黏土层剥离，然后将其表层在正确的位置紧紧拼合在一起，这是由安德鲁斯先生与受他艺术慧眼指导的我的第二个助手德鲁普先生以万分的小心和技巧完成的。对下述准确的技术方法进行记录是十分有用的。将绘图断片正面朝下放在一块结实的厚玻璃板上。小心地慢慢刮去背面的黏土和麦秸，直到只剩下表面的帕里斯泥，然后根据图案的指示把同属一个版的几个碎片置于正确的位置。在厚玻璃板下适当的位置放一面镜子，用来反射图案。对于较大的画版，要将玻璃极小心地弯到一定的弧度，与根据圆厅的直径得出的、原先画版表面所在墙壁的弧度完全一样。将碎片正确地拼合之后，在背面涂满一层帕里斯泥，成为一个新的背层。然后，用一个张在木框里的格网加固背面。最后，涂上一层厚帕里斯泥，把格网包在里面。用这种方法处理之后，这块画版就可以十分轻松而又安全地搬移了。应该明确注明的是，任何对绘图表面遗失的小片进行增补的企图以及其他形式的"修补"是被严格避免的。在保存米兰其他壁画残片时也使用了这一方法。这种方法的起源及其成功应用要归于安德鲁斯先生的高超技艺和悉心投入。为了说明安德鲁斯先生用这种方法达到的上佳效果，我引用下面两个例子来进行对比，一个是图88中主要塑像从墙脚下发现时的状况（图86），另一个是这块画版拼合后在图88中绘制的同一塑像的外表。在反映泥块发现时状况的照片中，大的破裂清晰可见，但在拼合后的画版上，这些破裂处被修复得相当好，几乎难以看出，原始的绘图表层全部恢复原样。

　　知道这块画版的初始位置，为得出这条饰带的尺寸提供了一个极为有用的启示，正如通过画版的主题可了解其装饰构图可能的特点一样。从塑像的大小及残存的边缘碎片，可以有把握地断定，这条饰带的高度与我在毗邻圆厅 M.V.viz 的墙壁上尚存的护壁一旁的饰带极相近，为三四英尺。我们在图88中看到的朱红色底色，即一种庞培红，在两处寺庙中的饰带上是相同的。对于这些相同点，我立即可以再举出另两个重要之处，它们现在已被证

图 89　米兰佛寺 M.V 遗址圆形围
廊东南墙上蛋彩的中楣和墙裙

图 90　米兰佛寺 M.V 遗址圆形围
廊东南墙上蛋彩的中楣和墙裙

明得清清楚楚了：两处饰带的网格极其相似，其表现的情景均出
自佛教肖像。将所有这些迹象综合起来，足以得出这样一个假设，
即这两处饰带的基本构图方式，似乎已经揭示出这两处护壁的装
饰体系也十分相似，对此，我们将作进一步的探究。

　　现在，关于圆厅 M.V 的饰带（图89~95），下述两点是明确的。
其一，它描绘的场景呈一条连续带状环绕着墙壁，仅在墙上留有
两个洞口。一个洞用来采光，另一个洞则是通向内殿环形过道的
入口。其二，这些场景表现的是同一个本生故事中的某些情节。

图91 米兰佛寺 M.V 遗址圆形围
廊南墙上蛋彩的中楣和墙裙

图92 米兰佛寺 M.V 遗址圆形围
廊南墙上蛋彩的中楣和墙裙

在寺庙 M.III ，根据平面图（M.V 的几乎与之相同），其内侧的环形墙壁被一扇门和三扇窗户分隔成相同的四段，如我们此前所见。只有东北、东南两段墙壁护壁上方的饰带残存物得以抢救。不过，这足以揭示以下两个重要问题。首先，它们表明每一段墙内的图案是相连的。其次，对这些残存物的进一步考察表明，至少处于下方的饰带所表现的情节很可能都出自相同的佛教故事，要么是释迦牟尼的生平，要么是有关佛陀前生的一段本生故事。

第一种观点得到的虽然是否定的结果，但似乎仍具有结论性

图93 米兰佛寺 M.V 遗址圆形围廊南墙上蛋彩的中楣和墙裙

的证据的支持。在从环形过道堆积物出土的饰带的绘图泥块断片之中，没有一块断片表明壁画的某一段在装饰建筑花纹或其他方面与其他的不同。这与 M.V 内殿墙壁南半圈上饰带的残存部情况完全相同。在那段饰带上，一组相互独立但前后连贯的情景组合成一幅完整的图案，表现须大拏王本生故事。

有两条理由使得上述这一点相当有趣而且值得重视。第一个理由是壁画中连贯的图案与犍陀罗造型艺术对相同故事的表现方式大相径庭。在犍陀罗艺术中，我们发现以浮雕形式表现的同一

图 94 米兰佛寺 M.V 遗址圆形围廊东南墙上蛋彩的中楣和墙裙

图 95 米兰佛寺 M.V 遗址圆形围廊西南墙上蛋彩的中楣和墙裙

图 96 米兰佛寺 M.III 遗址墙壁上的蛋彩壁画残片

故事的情景，至少在大多数情况下被分隔成不相连的图版或隔档，尽管它们以普通饰带形式排列。[1]这里，我们不考虑犍陀罗雕塑饰带花纹中这一特殊现象的起源和解释。遗憾的是由于没有一件希腊化佛教绘画艺术的遗物，因而无法确定上述方法是否也被应用于壁画中。不过有一点值得注意，即数幅情景被组合成一个连续的系列。根据希腊近东地区极有说服力的证据，这在后来的古典艺术中十分常见。M.V 的饰带甚至对在上述地区有迹可循、用以阐明在这种方式下以简短题铭方法描绘的不同情景的体系也提供了一个精确的比较。

　　与 M.V 饰带进行比较也有助于说明我前面提到的有趣的第二点。无论如何，M.III 低处的饰带很可能包含了取材于佛教故事的情节。对此，即将谈到的大断片图 88 以及图 96 的特征提供了基本线索。它们表现的形象被画成同样大小，因而可以推测同属于一条饰带。现在，具有重要意义的是在被抢救的碎片中，有一些是对出现在大断片上的形象的复制品。由此，我们在图 88 中就看到了成排的代表佛家弟子的和尚，完全是对另外一些残片处理方式的准确复制。出现在图 96 右侧的王子模样崇拜者的头部，以相同的风格、处理方式和头饰被准确地复制不少于五次。显然，在同

　　1　这样安排格档内浮雕场景的主要原因（因为它是排档间饰），并不是所要雕刻的石材的尺寸引起的技术要求，这一点，在装饰极小的佛塔基座以及雕刻在单块石板上的饰带中表现得很明显。

一个故事的情节中，需要对一个主要角色进行反复介绍，并以重复的风格、处理方式等来表明其身份。我们发现，M.V 饰带的须达摩本生故事引人注目地体现了这种需要。由此，M.III 饰带中也出现的复制品（如上述断片所表现的）就可以被认为是一个间接证据，证明此处的主题也是出自佛陀前生或化身的生平故事。

第三节　内殿 M.III 的绘图饰带的残存物

　　前面我们讨论了寺庙 M.III 中壁画装饰的总体特点，现在则对我从寺庙中带回的遗物和断片进行考察。图88是我们开场白的起点。在它上面，我们看见一尊立佛身着一件无肩的深紫红偏棕色外袍，其颜色差不多就是袈裟色，在印度传统中很久以前就专用于苦行僧和托钵僧法师。根据头上的光环和略有破损的发髻的特征，可以确定这个法师代表佛陀。但是除非搞清楚饰带描写的是什么故事，否则不可能确定所指的是释迦牟尼佛还是一些早期的"解脱者"。佛像的右手举起，我最先认为是"施无畏"手印，但是正如文尼斯博士指出的那样，它的拇指并没有像这种手印通常那样向上直立，而是弯曲着，搭在无名指的第二个关节，也即搭在这只手的第八个关节，似乎表示法师正在讲述八度波罗蜜。左手垂在前面，显然在提着衣袍。

　　在佛陀之后及左边是六个弟子，排成两排，身着僧袍，颜色从鲜绿到深红不一。他们的光头表明他们过着僧侣生活。后排最左边离法师最近的那个弟子裸着肩，右手举起，执一柄白色牦牛扇，在印度肖像画中它是最高权力的传统象征。正如富歇先生首先向我指出的，如果那个头上有光环的法师代表佛陀，那么这个形象就可能代表阿难陀，他是释迦牟尼最得意的弟子。在弟子们的右边可以看见黑色圆锥形，点缀着红色和白色花朵以及灰绿色罂粟花样的叶子，用以表示一棵树，与图91~93所示 M.V 的饰带中出现的树一样。以这棵树为背景，是一个弟子举起的右手，另一只手不见。这只手握着一把白色的花蕾或花朵，显然是在抛掷它们。这棵树以及相对应的另一棵在佛陀右手后边尚存一部分树叶描绘精细的树，清楚地表明这幅画的故事和其他大量关于佛陀生平的故事或本生故事一样，是以花园或树林为背景的。

这个撒花形象很可能有助于我们确定这条饰带所描写的是哪一段故事，我们所讨论的这段壁画反映的显然是这段故事中的一个情节。不管是这块断片还是其他断片都未提供线索来辨别这段故事。但不管怎样，不是肖像学意义，而是构图的艺术处理、花纹以及绘画风格给这块破损的壁画画版赋予了特殊的价值和意义。毫无疑问，这是一段佛教故事。但是，这幅壁画并不像以犍陀罗希腊化佛教浮雕表现同一故事情节的壁画那样，所有基本细节都没有像应该的那样取自其古典样式。佛陀的头部清楚地表现出西方风格，鼻部略带闪米特人特征。绘画者和犍陀罗的雕塑者一样，在将头部的肉髻与穿有孔洞、耳垂很长的耳部的结合中没有遇到什么困难，而头部总体的轮廓来自近东地区的古希腊艺术。他们都遵从了久远的印度佛教传统的强制性要求。我们发现，佛陀头部的肉髻被掩盖在一个大量鬈发形成的发饰之下，和所有希腊化佛教艺术所描绘的佛陀形象一样。特别值得注意的是垂于耳前的一缕波状鬈发和细小的胡须。它们都明显有别于印度传统，在一些并非毫无意义的犍陀罗佛陀塑像上亦有所体现。

两眉间省略了白毫相是另一个与印度传统所规定的勒叉那（法相）的不同之处，值得注意的是，这种情况虽然很少见，可在犍陀罗塑像中存在。但法师及其弟子直视的充分睁开的大眼睛提供了明确的更令人吃惊的证据，证明了古典样式或者更准确地说是古希腊样式在此的主导地位。拉长的斜视的形态没有什么意义，即使在希腊化佛教塑像中也常常是半睁的眼睛，在从和田到日本的描绘佛教圣人的绘画中，都一致地表现为美感的一个特殊标志。尽管弟子们的头都完全按佛教对和尚的戒条而彻底剃光，但仍表现出西方风格，而且更为强烈。他们的头部比佛陀的头要圆，如果不是其明显下勾的鼻子，就没有迹象表明其具有闪米特人或印度人的特征。绘画者机智地用皱纹、脸部的丰满程度和表情的微小变化来表现因年龄等不同而有所区别的不同人物的特征。

不过，这些大眼睛及其明显的欧罗巴人神态在所有的头上都相同，而右边低处一排最后一位弟子左手的奇特姿势则打消了对其出处的任何疑虑。这只手弯曲的手指从衣袍内露出，在衣袍边缘消失，和成百尊古希腊、罗马雕像上从外袍中露出的手一样。

这些细节如此令人吃惊地证明了古典样式的主导地位，我们可以毫不犹豫地断定，这种通过有意变换视线以打破这队弟子头部的单调性的娴熟技巧也是源自西方。排在左边及最近的弟子注视着法师，其余弟子直视前方，或直视观看者。在护壁"天使"头部的处理上，我们应可看到一种与此相对应的艺术手法，因而感觉出（在此处辨别得更为确切）在我们拥有的近东地区古希腊绘画的少量遗存上明显可见的一种手法的再现。资深权威史特拉兹高斯基教授在讨论公元259年的巴尔米拉墓室墙壁上的圆形人像浮雕时，提醒人们注意视线的这种有意的交替，并且在法尤姆墓地出土的蜡画肖像版上寻找这种现象。上述这些地方大多属基督教纪年的早期，这种年代关系证实了米兰壁画中这一特点的来源。

犍陀罗雕塑家、装饰家直接从希腊化的近东地区的古典样式中借鉴了大部分为自己所惯用的手法，如姿势、衣袍、相似的造型细节等，这一点很久以前即得到承认，现在又被这么多实例所证实。但是，对于犍陀罗绘画艺术都没有任何遗物来提供相似的证据。直到从塔里木盆地最偏僻的角落这些早期佛教寺庙中出土的壁画断片，才提供了结论性的证据，证明在绘画方面这种对西方艺术方法与风格的依赖从最初起就十分紧密，而且向我们显示出这种依赖甚至延伸到纯粹的技术层面。对于后一点我们不能希望有更令人吃惊的证据，除了在这些壁画上描绘人体时经常被运用的"光与影"的技法。在此之前，我在印度、中亚或远东的佛教绘画中都不知道古典绘画中常见的明暗处理法的运用。米兰壁画在所有的身体裸露部位都运用了这一技法。

我们从护壁上的天使像（图84）可以看到图88中的弟子头像及饰带的大量小碎片上普遍使用这种技法，即在肌肤的粉红色之上施以浓淡不均的灰色阴影，用以表现脸部周围、眼下及颈下或其他地方的阴影。不过除了灰色，我们有时发现浅红色被用来表现粗略的阴影，就如画版上的佛陀头像及将要描述的图96中两个人像所表现的。为了获得高光效果，有时还运用了一种娴熟的技法：让表现肌肤的浅色彩透过涂成深粉红色的唇部或相似部位的轮廓线，从下方的适当位置呈现出来，从而保证这一效果的实现。在别处，如图88中众弟子的眼睛等，都巧妙地以白色的粗笔触表现高光效果。一些地方的白色颜料厚得足以获得真正的高光效果。

这种技法让人联想到非常适合于蜡画的处理方式，埃及出土的实例证明了古希腊及基督教早期的蜡画实际就应用了这一技法。这些及其他技术细节（对它们，安德鲁斯先生艺术家的慧眼所作的专业观察）都充分印证了这一结论，即这些米兰壁画的绘画者们（只是简单的装饰者）已经从其先师手中继承了以如此简练的手法（因为经常要应用）来产生一种完整效果的成熟技法。同样可以确定的是，这些绘画所表现出的技艺也来自向希腊化佛教塑像提供其风格和大部分艺术技巧的希腊化的近东地区。

将出自古希腊的艺术形式应用于表现佛教故事的作品中也很好地体现在图96绘制的壁画断片上。它被发现断成几块，紧挨在一起落在前文描述的画版之前（图86）。这似乎表明它是前述画版之上的那条饰带的一部分。不过这一点不能绝对确定，而且值得注意的是，根据其大小与比例，其结构与图88所属的饰带十分吻合。我们看到，一位法师坐在一个矮宝座上，右手以生动的姿势举起。描绘精致的头部没有光环，这可能表明如果这个形象代表释迦牟尼，那么此处表现的是他成佛之前的形象。一件深黑色下装从臀部垂到脚部之上，脚则踏在脚台上。一件浅黄色斗篷如披肩般搭在左肩，留下上半身的大部分裸露着。这种布置在希腊化佛教艺术以及其他印度佛教雕塑流派中，尤其是在表现释迦牟尼坐在宝座上时，都很常见。这很可能是基于印度早期佛教传统中固定下来的对佛陀外表的描绘。不过，在这里，与一向在相应的希腊化佛教塑像作品中一样，垂衣的处理采用的是一种古典方法。

在法师的脚下右方，出现的是一个较小的人像，双手合掌上举，呈拜谒姿势。其垂衣在布置上与前者相似，表现样式与古典式相同。但是，上部饰以红圈、下部有两个半圆形深红色垂边的奇怪的尖顶圆帽或头巾明显地表明了这个崇拜者的王子身份。我们在圆厅 M.V 壁画中再次看到这个奇怪的头饰——它当然也标志着王室身份。无论是在犍陀罗塑像中还是在新疆晚期佛教寺庙的壁画或造型作品遗物中，我都无法找到其踪迹，所以其起源迄今为止尚未确定。它会不会是更西边的地区之一，如巴克特里亚或索格底亚那（希腊化佛教艺术在中亚的这一应用正是经此处传入塔里木盆地）一度使用的王子徽章的相似物？不管答案如何，我们对使得这位绘画者不管这个人的王子身份而将他描绘为不成比例的小人像的肖像画惯例的起源不再有任何疑虑。正是这一惯例，使得犍陀罗的雕塑者常常在描绘释迦牟尼作为菩萨或佛与小人像出现在同一个故事情节中时，把他画大一些。关于这一点，晚期的古希腊艺术在描绘皇帝或基督教故事里的中心人物时也常常如此。左边那个随从的形象也很小，断片只保存左臂与膝部的一部分。前景所描绘的两个水池或者可能是两个围着栏杆的平台给人留下的印象是，这幅画表现的是宫殿中或王室花园里的情景。

对大壁画断片的考究使得我们可以从一些细节上讨论绘图饰带的主要特点。而对于小碎片，对一些具有特殊意义的问题进行

图 97　米兰佛寺 M.III 遗址墙壁上的蛋彩壁画残片

图 98 米兰佛寺 M.V 遗址圆形围廊北墙上蛋彩的中楣和墙裙

简短记录就足够了。这些碎片中最奇怪的一片可能就是图97，出现了呈拜谒姿势的两名女性人像的头部和胸部。她们的脸部仔细地以明暗法描绘，其表情与我们现在应注意的令护壁上天使头像栩栩如生的个性化的活泼表情相同。杏仁状的大眼睛隐约唤起一种波斯式的美。长鬈发垂于耳后，波状鬈发悬附于耳前，表明这并非当地及当时的发型，而是外来并被艺术传统所保持的风格。

装饰 M.V 护壁的女子头像上也出现了同样的发型，只是略作变动（图93、94、95、98）。

另一块有趣的碎片为我们提供了一个半身人像，可能是女性，身着新奇的文艺复兴时期样式的精致服装，胸部戴着花朵。头部破损严重，不过在其他碎片上有其复制品，使我们可以更好地认识其独特类型。因为这些头像均接近真人大小，我们确定这些碎片属于一条较高处的饰带中的人像，这条饰带可能一直延伸到墙壁的穹隆部。其他碎片也证明，在墙饰的较高部分中出现了真人大小的人像。有的碎片中出现了动物形象，在碎片中所见的建筑具有特殊的意义，因为我们在其中见到如下细节：铃形柱头与柱子以及塑有镶板并饰以蔷薇花和鳞形重叠瓦的壁柱。它们对米兰寺庙出土的少量遗物提供的有关当地流行的建筑装饰风格的信息给予了有益补充，而且有助于更加清楚地表现这种风格对希腊化佛教艺术与纯粹的古希腊样式的依赖。

第四节　内殿 M.III 中的天使护壁

我希望前面对 M.III 残存湿壁画饰带的分析，能使我们更易于充分领会护壁上的那些精美有翼人像所表现出的艺术情趣以及正确理解其图像学意义。这些有翼人像刚一出现，就使我这考古学家的眼睛为之一亮，而当我能够在安全且不那么难受的情况下观察它们时，其魅力依然不减。我在前面已解释过这些天使像在圆形墙护壁中的排列情况：门和窗将墙壁分成四段或四个圆弧，每一段或每个圆弧面绘一组天使像，每一组共由六身天使像组成。

在东北和东南段，包含这些天使像的半圆壁面都还在，至少是部分地保存下来。但在紧靠东窗的半圆壁面 vi、vii 以及在半圆壁面 x~xii 中，画面中天使的头像不是被落下的土坯块完全毁坏就是被严重抹去，只有翼和肩部残存下来，说明那里曾经也有天使像。西北段的半圆壁面 xxiii、xxiv 的情况与此相同，这一段还保留着一些石膏面。正是因为这个原因，我只抢救出七幅护壁天使像。关于这些半圆形护壁，i~v 形成一个连续的系列，其中 ii 做成彩版，展现在图84中，其余部分则放在图99中。至于东南段的那两个半圆画版，viii 制成彩版（图84），ix 只制成黑白版（图100）。抢救出的这七幅画版经过艰难的长途跋涉之后，仍完好无损。事实上，照片中可见的所有损坏，都是这些护壁画版还在墙上时造成的。将画版 viii 较早的照片与现呈现在图84中的照片作一对比，就会发现在替换着色面的衬背时是多么谨慎，也可看到那些早在佛寺墙壁上就已产生的裂缝，在修复过程中粘接得有多么的好。

如果我们从总体上检查一下图84、99中展现的这套天使般的人像，那么在确定其艺术结果时，有两个总的特征首先需要引起我们注意。第一，我们清楚认识到，与护壁的装饰目的一样，一切外表，如头型、翅膀以及简洁而优雅的服饰，其目的显然是在

图 99　米兰佛寺 M.III 遗址墙裙上具有犍陀罗风格的浮雕残片

图 100　米兰佛寺 M.V 遗址南围廊内墙上的蛋彩墙裙部分

表现一种天国博爱的效果。第二，画家希望通过在面部营造一种
不同的个性化因素，以使他的这套作品产生适当的变化，这同样
是明显的。先回顾一下那些表达出一种和谐目的的细节是合适的。
在每一个画版中，我们看到，都绘有浅青蓝色半圆形，半圆形中
出现的无疑是一个有翼年轻男子像的头和双肩。从画版 iv、v、
viii 保留下来的原色来看，这种浅青蓝色半圆形似乎很可能是用来
象征蓝天。与半圆形顶部相连并将护壁上的天使从上部饰带的笔

直黑带分隔开。半圆形的下曲边画有一条黑线，黑线的外侧饰以一条较宽的淡黄色条带和一条红线，但较宽的淡黄色带和红线多已变得十分暗淡。下面的背景为浅红黄色，前面已经提过有深色波浪线横贯其中。在画版 ix 的底角还可见到这些波浪线的痕迹。

所有天使像都向右或向左倾，同时头转向四分之三反方向，双肩微斜，这在画版 ii、v、viii、ix 中清晰可见。头部的总体特征都相同，无疑是西方人，但带有闪米特人的意味。头骨显得窄而高，头顶呈圆形。面部一律很年轻，面颊和下巴丰满圆润。眼睛大而完美，平直，睁开很大。他们的表情一律富有生气，同时，画家巧妙地使他们的凝视方向略加改变，以此增添活泼的气氛。鼻子的特征甚至更加一致，长而且在鼻头处明显弯曲，形成钩形。耳略微有点长，并穿有孔，嘴小巧，嘴角上翘。上唇绘成红色月牙形。颈和双肩很丰满，颈上的褶纹更使其显得圆胖，同时也表现出头是转向一侧的。眉毛总是浓密而适当弯曲，但在画版 i、ii 中，两条眉毛几乎在鼻子的上面合而为一，而在画版 iv 中，两条眉毛则完全连成一条。头的前额剃光，只在顶部留有一小缕头发，奇妙地做成类似于带有缕状茎的双叶形，茎形体有时向左前伸，有时右前突，而有时则又向前额的中间凸出来。在画版 ii、iii、viii 中，耳前各悬垂着一长缕波形鬓发。

在这些人像中，翅膀很短，是一个最为显著的特征，但风格与早期基督教艺术中的天使所带翅膀一样，很清楚是起源于古典时期。它们从双肩向外向上有力地张开，产生一种向上升腾的动感，我们会看到，这种姿态正好适合其所处的位置。翅膀由三种羽毛线构成，在画版 ii 中看得最清楚：里面的羽毛线很短，由一条平行于翅膀边缘的单线表示；第二种羽毛线由一排花瓣形状组成；第三种羽毛线为翎管羽毛，长，逐渐变细，尖部朝上并分开，形成鼓翼而飞的姿势。他们的长羽毛通常（但并非总是）绘以红和暗黄色两种色彩，这在画版 i、v、viii 中特别清楚，一种色彩绘于羽毛的上缘，另一种则绘于下缘。伸开的翅膀的尖，高度几乎与天使的头顶齐平。人像所穿的长袍，虽然颜色不同（白色、暗黄色和不同色度的红及粉红色），但样式类似。所有长袍都从两肩中每一肩的中间切出领口，领口几乎前曲于胸前。衣服一般用单色带表示，没有褶痕，但在画版 iii、ix 中，则画出褶痕。除画版 viii 中的以外，衣边均用一条红线或黑线在肌肤上画出轮廓线。

在前面的述评中，我也引用了安德鲁斯先生爽快提供的注解，根据他的注解，对似乎是在绘画中所追求的技法，我要加上如下充分的观察。首先，用淡红色画出人物的轮廓，在画版 ii、iii 等，翅膀的最后轮廓线下还残留着一些痕迹。其次，在将肌肤洗成略带桃色的暗黄色后，将胸部涂成十分清淡的淡红色，这种颜色现几乎已经消失了。然后，用浅灰色表示鼻子与颈部一侧阴影、眼窝和下唇。接着用刷子将脸廓与面孔随意画成不同色度的红褐色。双唇的分隔线也常绘成这种红褐色。多数人像中，这条线是曲的，但在画版 viii、ix 中，则是直的。唇本身后来绘成鲜红色，在下面暗黄色中巧妙地留有高光，或大胆地将高光涂成白色。最后，黑色常用来表现头发以及翅膀、双肩及长袍的轮廓线。也用在褐色轮廓线上以突出眉毛、睫毛、鼻孔和嘴角以及显示下颏的凹陷与接合部。但更多的是用来表示眼睛的瞳孔和眼球中虹膜的轮廓。虹膜本身绘成肌肤轮廓线所用的那种栗色，并做成垂直的椭圆形而不是圆形，以示当眼睛转向一边时，虹膜缩短。至于眼球，有时是采用常规厚涂颜料的绘画法，在灰色上加很厚的白色来表达。整个画面一气呵成，轮廓鲜明。但安德鲁斯先生及时提醒我们，要注意各个人物之间的差别，例如画版 i、ii、ix 中的轻灵活泼；画版 viii 中的凝重而精确；而画版 v 中，则明显有仓促与草率之嫌。

但和这种由个体因素中半无意识的变化所产生的区别相比，可以很容易注意到，人像姿势和表情中的差异明显得多。这种差异显然是源于试图创造一种适当的变化这个愿望。而从这个愿望本身，我认为，我们完全可以看出一种源自希腊艺术风格的继承关系，那就是明确而不变的写实性个体处理趋势。艺术家着意让其所画人像的头转向不同方向，这明确表达了刚才所述之目的。如果有一位访问者来到寺院做右绕，他会看到这些天使画版，我们按照他见到天使画版的顺序，自左至右逐个浏览这些天使像，那么就会发现，他们的头通常是交替转向右和左。由于眼睛总的方向大致与头的方向一致，而且视线也多少有点上仰，所以在从环形过道宽度所限距离通过的观看者看来，自然产生这样的印象：这些天使相互连成组，但每一个体都在注视着他。如东北段弧壁面中的人像 i 和 ii、iii 和 iv，东南段的 viii 和 ix，都双双成对，每对天使的视线又分别朝向右和左，似乎都在凝视着立于他们两人前面中间部位的某个人。我们可以设想，窗子两侧的画版 vi、vii 虽已不存，但其原来天使头的布置应该与此相同。

这里所采用的艺术设计具有重要意义，因为我们发现，这种设计在不多的希腊式绘画艺术中存在完全相当的实例。它们发现于近东，时代也大致相当。例如，史特拉兹高斯基教授曾谈论过，巴尔米拉地下墓室的壁画中（约公元259年），有一种类似于大奖牌设计的人头像，装饰着每一面墓壁，这些人头像都被描绘成面向一个想象从中间面对他们的观看者。与许多巴尔米拉浮雕像不同的是，这些正视图严肃的头像被用一种方法表现为在墙中央站立思考的观看者。并因此产生动感，与带釉层的涂蜡法画像近似。这些画像男人均右向，女人左向，目光与巴尔米拉画像一样探询地射向观察者。他观察到，头式中有种相似的变化，那种变化是法尤姆墓中蜡画人像画版所特有的。那里人像的眼睛也表现为专注于观看者。

我们发现，米兰人像中很巧妙地加入了一种新的变化因素。几乎所有人像的眼睛都专注地凝视着右方或左方，而勾勒人像的线条则一律向相反方向倾斜，从而使画面获得一种平衡感。这样就产生了一种动感，因而使整个画面明显富有活泼的特质，这在画版 ii、v、viii、ix 中显而易见。但是，这组天使像的描绘者具有足够的艺术技能，即使不利用布局的变化，也可以使其所绘人像富有个性。如果我们更严密地观察这些人像的面部，就会清楚发现这一点。只要看一下图84，比较上面所展示的两幅天使像，我们就会感到吃惊，画版 ii 的头像中，运用高光技法，使面部表情栩栩如生，他的眼神和嘴角都挂着的笑意，看起来十分生动形象。再看画版 viii 中的天使像，同样是圆圆的脸盘，热切凝视着的大眼，鹰钩般的鼻梁，等等。但只一瞥便足以认明，将上下两片弯曲的嘴唇分隔的那条直线，使嘴部产生了特有的坚定神态；而适度弯曲且完全分开的双眉，则更使面部有了一种严肃的表情。这种严肃的表情，又因波浪形黑色鬈发而加强。因为这束黑发垂于耳前，使脸庞看起来不再那么圆胖。再看复制于图100中的天使像，其面部有着类似的个性化处理。这种个性化处理是，在画版 i 中，精心描画的双眼有着朦胧的眼神；在画版 iii 中，长长的鼻子使丰腴毋宁说成熟的脸庞再现出闪米特人的容貌。画版 iv 中的头像描绘粗犷，小巧的鼻与嘴使这张肖像看起来要年轻得多。在画版 v 中，出神的双眼因面部浅淡的轮廓而更显深邃。至于画版 ix，眼神的天真率直和颈与双肩的强烈倾斜，给画面营造出一种特别的勃勃生气，就像是在活泼地运动。

这些护壁天使像的总体效果与轮廓均描绘得十分清晰，线条粗犷，尤其完全适合它们所处的弱光环境，这个明确的目的是不可能弄错的。正因为天使像本身，我们将看到，还从遥远的东方化的希腊式艺术中心继承了那么多的东西，我们才更应该为米兰佛寺墙壁的装饰者所具备的艺术感和艺术技能而给予其应得的荣誉。他们凭借着对艺术的感知和娴熟的技巧，设法让自己十分擅长的图案适应了特别的建筑条件。从如下事实我们找到了证明这一点的确凿证据。护壁中有翼半身像的整个姿势，是根据它们位于狭窄的环形过道墙壁上且离地面仅约3英尺的位置而设计的。天使的头无论是向右还是向左，或者是正向前方，都刚好达到能够仰视通过佛塔回廊的礼拜者的眼睛。正是出于同一目的，这些天使像都被绘成向礼拜者飞来的样子。我们发现，这个姿势是靠使双肩倾斜和翅膀优雅地向上弯曲来表达的。翅膀向上弯曲，长羽毛的尖部分开，这些都使人联想到鼓翼而飞的天使。

还有两个有趣的问题需要我们考虑：在这里一个佛寺墙壁上出现如此奇怪的天使，其肖像学起源和意义是什么？护壁画的这种装饰设计来自何处？第二个问题由于发现有其他类似的绘画遗迹，因而可能更易于考证，而这个问题的解决，可能有助于指导我们找到第一个问题的正确答案。如果我们将这些护壁与我在邻近圆形建筑 M.V 发现的装饰其环形回廊的护壁作一比较，那么我以为几乎不能怀疑，其半身像所处连续的半圆形，就是以一种简化形式再现 M.V 中一种连续的花彩所呈现出的设计。在 M.V 中，这种花彩被披在天使像的肩上，同时在花彩的下垂半圆环中，包含有男子和女子半身像（图89~95）。在犍陀罗雕塑中，这种肩扛花环的小爱神图样很常见，常常以之作为佛塔基座和其他地方的浮雕饰带装饰，而且有成百个实例可以说明这一点。这些雕刻饰带中的绝大部分，它们花彩下垂部上面留出的空间，都绘有年轻的人像，这些人像通常被认为是有翼的伎乐，且向下展现到胸部。

　　显然，M.V 环形回廊中护壁的组成，准确地表明这种装饰设计（如我们必定假定的）曾用于现已失传的希腊化佛教绘画艺术。我们同样很容易看到，M.III 中半圆形画版的排列直接源自同样的设计，只是略去了肩扛花彩的人，而保留了其下垂部上方的有翼人像。镶于半圆形下边，为天使构成一种边框的半圆形宽带，只是用来代替惯用的花彩下垂的曲部，比较一下曾装饰 M.V 方形外侧过道的护壁遗迹，就会特别看清这一点（图100）。我们看到，那里一条弦月形带的凹穴中，也有一尊有翼半身人像。其弦月带的宽度及其显明的涡卷装饰图案，毫无疑问，本来是要表现部分花彩。目前，在由这种饰带图式的一种类似发展而形成的希腊化佛教浮雕中，我没能找到一个例子，可以说明花彩的最上部连同肩扛它们的小爱神都被略去而只留下弦月形带饰。但我可以提到一块犍陀罗饰带残块，这块饰带残块现在复制在图99的右下角，它是这种设计的一种反向变形。在这块饰带残块中，花彩下垂部的宽度被大大缩小，以至于没有留下安放半身人像的地方，而只够雕塑一种如花的小装饰。无论如何，这种小花饰的形状，仍然令人不由自主地想到被它所替代的有翼人像的翅膀。

　　前面的观察已在米兰佛寺装饰护壁所用图案和犍陀罗浮雕花彩饰带之间建立起紧密的联系。这种联系有助于我们找到 M.III 墙壁上出现的有翼人像的真正图像学发展脉络。这些有翼人像太近似于我们在那么多的犍陀罗饰带的花彩空间中看到的年轻有翼人像了，因而不可能相信它们还有任何其他直接起源。犍陀罗的这些有翼人像都雕刻得太小，再加上复制品的比例缩小得太多，因而常常难以分辨其性别。但有翼人像的形体几乎都像小孩，而这再结合立于有翼人像两侧的扛花彩天使不变的男性模样，很可能就表明，这些有翼人像是犍陀罗的雕塑家们依照自己通常的习惯，利用所掌握的古典风格，仿效希腊神话中年轻的有翼埃罗斯（爱神）塑造的。富歇先生已经透彻地证明了这些雕塑家是如何惯于利用不管是有翼还是无翼的古典丘比特来表现他们欲表现的装饰人物，也明晰地说明了所呈现的风格与古典传说是多么一致。这也不难发现他们为什么比较喜欢用有翼的形式插入到花彩上方的空间中。对于美妙地填充如此创造的半圆形逐渐尖细的两侧空间而言，再没有比这些翅膀优美的尖梢更合适的了。

刚才讨论的犍陀罗浮雕证据似乎足以证明这样一个结论：米兰护壁上的这些有翼人像，就其最初的图像学原型而言，一定可以追溯到古典的爱神。但也有迹象警告我们，这个发展脉络在中期阶段可能更多地受到东方理念的影响。我们面前的这些人像中，他们年轻却非孩子似的面容，他们领口开得很低的朴素的衣服和他们类似无性别之分的特征，隐约有种很朦胧的安琪儿（天使）的影子。这种安琪儿像我们或许不是在佛寺，而是在东方某早期基督教教堂中看到的。对于获得研究用的时间抑或材料我都无能为力，而这种研究对于检验和最后解释这一印象却非常重要。也许有年代学或其他方面的理由，可以完全撇开早期基督教图像学产生影响的可能性。但应该记住，远在基督教发展其图像学之前，天使是天国有翼的使者，这个概念已为西亚不止一个宗教体系所熟悉；此外还应记住，弗纳瓦西的祆教教义曾特地为它在古代伊朗的辽阔地域内准备了一席之地，那是古典艺术影响和佛教崇拜到达塔里木盆地之前的必经之地。在希腊化的东方，似乎没有存留下足够早的图像可以帮助我们弄清楚古典神话中的丘比特于何时何地摇身一变而成为 M.III 护壁画家似乎用作佛寺装饰的那种有翼人像。[1] 在这些人像中，绝大部分人像的面部具有明显的闪米特人特征，这使我们本能地想到美索不达米亚和西伊朗这样的地方，把那里看作是有可能产生这样一种改编的地方。

无论如何，在佛教崇拜地区的湿壁画装饰中，出现与佛教无关的这种奇怪的人像，我们不必感到惊奇。就印度地区的希腊化佛教艺术为佛寺装饰而使用与佛教崇拜或佛教传统完全无关的人物和整个场面而言，先前提到的犍陀罗佛塔基座上的雕塑饰带和大量其他浮雕，向我们表明了一个多么熟悉的发展过程。我在发掘邻寺 M.V 时，发现一条彩绘饰带，绘着虔诚的宗教场面，反映出一则著名的佛教传说；在这条饰带的下方，佛殿内壁装饰着一种护壁，护壁上清楚绘着完全世俗的西方人特征的人物。这一发

1　我知道，我们在拜占庭式艺术中碰到的天使像是以古典胜利女神尼斯的样式为基础。然而在早期的实例中，天使被表现为明显具男性特征的青年，具体地说，是唪潞咐（Cherubim）的形象。这些例子表明，这些有翼人像还有另一种灵感之源，那就是有翼的埃罗斯。这里我不能更深入地讨论这个问题。

现表明，这种装饰习惯最初为中亚早期佛教艺术所继承，然后传播到中国实际控制的最西部边境。最后，应该记住，如果曾有一位中亚的希罗多德访问米兰这座佛寺，并着意询问看管这些重要有翼人的僧侣，问他们以前他似乎在佛教从未涉足过的地方见过的这些有翼人到底是什么，这个当地的保护人断不会为一个名字而困惑，他很可能叫他们乾闼婆。尽管事实上并非必要，但这将是一个可以接受的称号，因为有大量证据表明，这类天国的侍者，与他们变化后的形象一样，在中亚和远东的佛教中很流行。

第五节　发掘寺庙 M.V

我们正在为从寺庙 M.III 出土的湿壁画版进行打包时，从附近其他废堆中又发现了一小片画有颜色的灰泥，就是从覆盖在方形废墟南面的碎块中发现的。方形废墟从坐落在东北方约60码。那是一堆毁坏严重的土坯建筑物（图101），从地面算起高约15英尺，附近地面略有风蚀的迹象。废墟大致呈方形，顶部平坦，最初这些特征令人想到，像附近其他一些废堆一样，它不可能是结实的佛塔遗迹。发掘从2月4日开始，我很快就意识到，这堆废墟是一座寺庙，它包含着一个建在环形内殿内部的佛塔。

围着内殿的墙壁外面构成一个40余英尺见方的方形。墙壁用土坯精心砌成。这些墙没有一处厚度小于7英尺，这么坚实的结

图101　米兰佛寺 M.V 遗址，自东南望，发掘前

构无疑是为了承受曾建于圆形建筑上面的圆顶所产生的压力。不久就在内殿墙壁的外面露出一条方形过道遗迹，从损坏最少的南边残存的地面判断（图101），过道宽约5英尺。这个地面用结实的土坯铺成，高出原地面约4.5英尺。曾围着过道的墙现已荡然无存，甚至北面和西面的地面也已几乎完全消失。只在南面过道内墙还保留着足够的灰泥面，上面显示有一小部分一度装饰着它的用蛋

白画法画出的壁画。从图100中可以看到，在下面一个高约1英尺8英寸的护壁中，画着一个醒目的有翼半身人像，与M.III的天使极为相似；在上面有点窄的饰带中，画着一个男性武士像，武士正与一个明显为古典复合型怪兽搏斗。我们将进一步观察其细节。这里提一下这幅画在风格及图案上与M.III湿壁画之间存在着紧密的联系就够了，这种密切关系一开始就使我确信，这座寺庙的年代可以追溯到与M.III相同的时期。

　　同样是在南面，围着内殿的墙壁比其他任何地方所遭受的毁坏都轻。那里的墙壁仍比内殿的地面高约10英尺，而内殿的地面又比外面方形回廊的地面高约0.5英尺。其他地方破坏严重，特别是西面，那里有一个很宽的缺口，无疑是以前"寻宝"时挖掘出来的，将内殿的一段墙壁连脚毁坏，甚至连那个部位的外回廊也完全消失了。在东面，我发现那里原来有一个门，门两侧的墙壁只残存下四五英尺高。墙的北头高约8英尺。位于内殿中心的佛寺残高约10英尺多（图102）。环绕着佛寺的环形过道宽7英尺，已被从上部墙壁和拱顶建筑落下的粗大土坯块堵塞。尽管从阿布旦培养的每一个可用的人都在帮忙，但大家还是辛苦工作了两天才把这些碎砖块清理干净。第一天傍晚，清理出了佛寺基座的范围和装饰，并证明环形过道的墙壁装饰着湿壁画饰带和护壁。

　　这座佛寺（图102）用土坯砌成，土坯的尺寸与用来砌墙的土坯相同。佛塔的表面覆盖着一层又厚又硬的白灰泥。量得它地面上的直径为12.5英尺。到接近7英尺高度时，精心塑造出一些造

图 102　米兰佛寺 M.V 遗址的佛塔和圆形围廊遗迹

型，其中两个最为突出。连同直边底座在内，佛塔基座可能有三层，显然是传统式的。佛塔底基的东面早年就已被挖掘，无疑是有人想从那里寻得财宝，因为从拱顶塌落下来的粗大碎块堵塞了进入这个盗洞的入口。佛塔严重的毁坏状况使我们无法估计其原来的高度，也是由于同样的原因，我们没有找到有关圆顶高度的任何线索，但它肯定曾耸立于其上并覆盖着内殿。无论如何，佛塔的大小和环绕着它的环形过道的尺寸表明，这个圆形顶的跨度曾有26.5英尺。遗憾的是我们无法判断圆顶建筑的修筑方法。将其与叙利亚和西亚其他地区现存同一时期的建筑所采用的建筑方法作一对比，将很有意思。在佛塔顶部遗迹近旁的碎块中发现有彩绘灰泥小块，从这一事实我们或许可以推断圆顶的内部也像内殿墙壁一样，装饰有用蛋白画法画出的壁画。

环形过道中填满了各种碎块，从顶层碎块中发现几块精美木雕，这些木雕有趣地证明，内殿拱形圆顶的高度一定不仅为佛塔本身，而且也为一个 T 形顶饰或上部构造留有空间。这个 T 形顶饰或上部构造显然是木质的，支撑着连续的恰特拉（即伞状顶饰，伞盖），在犍陀罗佛塔的顶上总是安装着这种恰特拉，就像我们仍可在缅甸和其他佛教地区的宝塔上看到安装着的恰特拉一样。我认为，从环形过道东面离地面高约5英尺的地方发现的一块粗厚、严重破裂的木块，就是这种恰特拉的杆形支撑物。中间穿有两个方形孔，互相形成直角，明显是用来安装支撑伞状顶饰的木横档，横档可能用灰泥做模型。发现的一根雕刻精美的小木柱轴和柱头残块，我认为可能是佛塔圆顶和本身的 T 之间的方形基座或柱顶的装饰，如在犍陀罗的许多小佛塔中所见。这个柱头可能属于壁柱。装饰在柱头前面和侧面的叶形装饰，显然具有希腊风格，在犍陀罗浮雕中经常见到。环形过道东南面饰带中所绘的门楣上，也画有这种叶形装饰（图89）。

比较一下这块有趣的木雕与同一图版复制的楼兰遗址 L.B 的装饰木雕残块，将有助于证明两处废墟的年代很相近。这块木雕和一小块类似雕刻的柱头残块，都残留有彩绘装饰。从佛塔残存部分顶部附近发现的莲花木雕，似乎也是用来装饰某种上部构造的。有些花瓣还保留着镀金痕迹。雕花装饰的中心斜穿有铁柄脚，可能用来固定这块莲花木雕。在略低一些的高度，但离环形过道的地面还有数英尺，发现一块雕刻成浮雕的大型木雕蔷薇花，还有两个莲花形圆盘片，这两块木件上都有不同颜色的绘画痕迹。

图 103　木雕花饰

在清理寺庙门时，发掘出其他一些有趣的遗物。这扇门宽约5英尺1英寸的木门，直通方形回廊的东面，它曾用来关闭回廊，通往内殿。此外还发现一些凹画版，曾绘有画，但已毁坏得无法辨识。雕刻得很好的木块（图103），可能是门楣的左端。这件木块上雕刻着一大朵莲花形粗浮雕花，有一部分放在一如花的造型物里面。前面提到，饰带（图89）中画着一扇门，门楣上画着一大朵莲花的花纹，此花纹所在，当是安置这几块木雕的位置。

通内殿门的低台阶两侧各有一个月台，高约6英寸，宽2英尺8英寸，沿过道的内墙延伸。这些月台上一定曾经立着灰泥塑像，但现在只有一对木桩残存下来，显然是腿的木骨或骨架的残余物；再就是一块易碎的灰泥断块，长约16英寸，曾属于北月台上的塑像，但其性质已不能确定。它的表面显示有菱形花纹痕迹，花纹画成明亮的黄色和绿色，可能代表一部分锦衣。过道东面的宽度已无法精确测量，从那里也发现有长方形木块。木块上钻有9个孔，显然是用来插香或小蜡烛的，整个木块都保留有灰泥和涂料装饰痕迹，无疑是作礼拜之用。

现在最好结束对环绕着寺庙内殿的方形回廊的描述，接下来说明曾装饰着其内壁的壁画。前面已经提到，只有面南的一小部分墙保留着足够的装饰，可以确定其一般特点。但即使在那里，现还保留有壁画的墙面，没有一处总高度高于地面3.5英尺。图100显示的是这面墙唯一仍清楚可辨的部分，长约3英尺，半圆形组成的护壁和其上部的窄饰带中，湿壁画装饰的布置相当清晰。

即使是在没有被完全毁掉之处，来自后面残毁砖砌建筑的压力，也已引起承托饰带的绘画灰泥面向前凸出并悬垂于空中。由于当时一刻也不停地刮着猛烈的寒风，残存的饰带由于连续暴露了几天，也从墙上剥裂下来，遭到了毁坏。

前面所说的那张照片，记录着其毁坏前的情况，这令我感到很高兴，因为这块壁画残块中，展现的主题和装饰图案具有好几方面的意义。我们看到，其中有一个青年男子像，他长得十分强壮，肌肉发达，裸体，右手持一棒，正与一怪兽搏斗。怪兽则作势向他扑去。遗憾的是，由于灰泥剥落，怪兽的头完全被毁掉了。但怪兽的躯体很清楚，为狮身，轮廓完美，尾巴和翅膀弯曲，毫无疑问，这是一头古典翼狮像型怪兽。我们现在知道，这种怪兽自早期以来就是西亚希腊艺术所喜爱的题材。犍陀罗浮雕中，有大量装饰主题就是直接从其借鉴而来，虽然那里喜爱的形式是特里同（海神，下半身像鱼，有一个海螺壳）、半人半鱼怪物和其他更为怪诞的动物。它后面细长的脖子和扇贝形饰毛暗示出残失的头应该是一个鹰头，就像是一个古典的翼狮像。但可以特别提到，在大英博物馆现有一尊青铜小雕像，表现的是一个与此相似的怪物。最近出版的一本书中，赫尔克里士·里德爵士对其作过描述，他还善意地要我注意这个小雕像，雕像中的身体与我们饰带中的这个狮身极为相似，它的头甚为怪诞，而且肯定不是鸟头。这个小雕像据说发现于赫曼德河附近，我1915年的探险已经说明，那是个受希腊艺术影响十分强烈的地方。[1]

上部饰带的底色是明亮的庞培红，上面清楚露出翼狮像淡紫色的身体，它的翅膀为深蓝灰色，羽毛的内线为红陶色。除怪兽外，左边还有一条精心描绘的绿色叶形装饰痕迹，叶形装饰附近是一片悬垂着的棕榈叶，叶形装饰的下面是暗红褐色大水果形物体。人像右上方也见类似的叶形装饰痕迹。饰带上散落的单个小蔷薇花和叶，除填充空白处外，没什么明显的目的，这些单个小蔷薇花和叶的样式，似乎与我们所熟悉的近东晚期希腊艺术风格相近。

在这条饰带的下方，是前面已经提到过的护壁。护壁一直延伸到地面，与上方的饰带之间隔着一条三色带，分别为白色、黑色和浅蓝色，总宽约8英寸。护壁沿顶线分成宽约2英尺9英寸的半圆形。其中一个半圆形（图100），几乎完整，但已有严重裂缝，只要移动，就会遭到更进一步的损坏。尽管如此，包含于其中的有翼人像和形成半圆形的花彩形带饰却存留下不少，足可拍成照片。左侧的半圆形中，有一个类似的人像，但只有一部分翅膀可以复原。头部损毁严重，不能移动，但我注意到其特征略有不同，而且头发装饰成我们前面在 M.III 护壁天使头上观察到的那种奇

1　希腊式翼狮似乎向东传播到米兰以东很远，因为根据有关出版物介绍，从河南发现有两尊怪兽雕塑，从对怪兽的描述看，似乎与此不无关系，其年代认为大致属于公元 6 世纪。

特的双叶形发式。我已经提到过的花彩形宽黑带，它宽约7英寸，有效地装饰以红和白色粗卷云纹，这种宽黑带构成半圆形。它清楚地表明这种装饰设计是如何从花彩设计发展而来，在犍陀罗雕塑浮雕饰带中，这种花彩甚为常见。花彩之下的背景为黄色，装饰以红色和黑色波浪线。由于在面向南的过道墙基和东与北面过道墙脚的不同地方，发现有相同背景的断块，它们还处在其原来的位置上，最高达6英寸，因此可以推断，方形回廊的整个内墙都曾绘成类似的样子。

关于半圆形，我可以特别指出，它明显比较扁平。鲜红色的空间，可能适合于绘制较粗犷型的壁画，但也表明，M.III中看起来是如此适合天使飞升的天空的意味，已经从画家的视野中消失了。虽然从半圆形中升起的有翼人像的头和双肩，特征和姿势与M.III的天使极其相似，然而显示出的设计和技法则明显要低劣一筹。这尤其表现在双眼的描绘和着色以及在肌肤微妙的阴影的完全缺乏上。明暗的效果与和谐色彩的效果不见了，代之以鲜明的轮廓和粗犷的色彩。翅膀中也较少技巧性描绘。从这一切可以得出一个结论，那就是缺少活力。这使人难以相信这些壁画是出自描绘里面内殿墙壁上的精美护壁和饰带的画家之手，或者是出自描画 M.III 内部形象化的装饰的画家之手。

就在清理离门两侧最近的内殿里面环形过道的那部分墙壁时，我所盼望的内部湿壁画装饰第一次显露出来。门边的土坯结构已破坏到只剩下距地面高四五英尺，而且大部分灰泥面已毁坏。不

图104　米兰佛寺M.V遗址圆形围廊东北墙上蛋彩的中楣碎块

过凭着一线运气，就在那里几乎是我一揭露出连续的壁画，就在人像的上方显露出两则用佉卢文写成的短题字，它们立即就被证明是一条上部饰带的组成部分。其一为一行，写在门上，可在图89、90中看到。另一则由几个字组成，写在骑马人像的旁边（图104），离门的北侧很近。虽然当时只能解读一或两个单独的单词，但毫无疑问，其语言和文字与尼雅和楼兰木简上所写完全相同。我不能指望有更好的证据来证明已经由我以前的发现而得出的结论，即这些寺庙和壁画的年代，可以追溯到尼雅和楼兰遗址的繁荣时期。

但即使这样，当在冰冷的狂风和回旋的尘云中挖掘了两天，我终于得以清理和仔细检查那里的壁画时，我有充分的理由对绘有湿壁画的内殿墙壁所呈现在眼前的景象发出满足的惊叹。前面我已提到过，早期"寻宝人"在这里进行过挖掘，由于他们的行为，西面环形墙壁的相当一段已经夷为平地。那里是否曾包含有另外一个门或者窗户，我不能确定。但无论如何，由于这种毁坏，现发现的湿壁画被分成了两个分开的半圆形或半弧面，东面被5英尺宽的门分断，西面被一个15英尺宽的缺口分开。在北弧面，墙面较高的部分，即使那里的土坯结构尚存，也由于某种原因遭到了严重破坏，以致一度装饰着它的上部饰带，除分离的半褪色的成组小人像外，什么也看不出来了。这以下的湿壁画护壁中，尽管色彩已经淡化，灰泥出现大量裂缝，但是很容易认出其中非常优雅的构图，设计和细节上与希腊式原型很接近。整个构图富有特色的装饰特征中，古典影响占有优势地位。青年人像带着真正帕提（有翼天使像）所特有的那种轻快表情，用双肩扛着的就是一条由花环和花组成的波浪形宽花彩，花彩的凹部连续露出男子和少女的头部和胸部，显示出不同的特征。这个主题在犍陀罗雕塑的花彩饰带中是如此熟悉，这我在前面已经讨论过了，一见就能看出，常见的古典根源正是这里创作的灵感之源。

第六节 内殿 M.V 中的佛传壁画

出于两方面的原因，我认为对 M.V 内殿整个墙壁装饰的描述，最好从最后提到的南半圆壁或弧壁开始。第一，那里特别是靠近东南面，残存下来的环形墙面保存得较好，除护壁外还保留着相当重要的一部分上部主饰带，其上方还有第三条饰带的痕迹。第二，考虑到前面已解释过的右绕习俗的影响，整个壁画的起点很有可能在内殿门的左侧，也就是在东南段。如南弧壁中现存壁画的照片（图 89~95）所示，墙脚装饰着护壁，护壁上画着一套扎花彩的人像和他们之间半圆形中出现的其他人像。护壁的高度自地面到将护壁与上部饰带分隔开的三重边的下缘为 2 英尺 6 英寸。然后是一条由三种颜色组成的边，三色为黑色、石板绿色和奶油色，每一种色带宽约 1.5 英寸。这条边在紧接于护壁上方的饰带顶上重复出现，但它连续的色带顺序则依次倒转。饰带有长约 14 英尺的片断几乎完整无损。饰带涂成明亮的庞培红，宽近 3 英尺，上面画着连续的图画场面，比我迄今为止探险过程中所见到的都更醒目。画面中有大量人像自左向右前进，一看就知是在表现某种列队行进的凯旋仪式。

东南段有一小部分，内殿的墙壁还有近 10 英尺高，那里可辨识出在上部饰带上方，至少保存着三个衣饰华丽的男子像的腿和足部，显然为真人大小，立成一排。他们所属的绘画饰带似乎延伸到拱形圆顶开始的墙面处。但湿壁画遗迹太少，对所采用的总的装饰设计不能作出任何推测，由于同样的原因，我们在此不必耽搁得太久。与下面的护壁和饰带相比，这些人像画得非常呆板拙劣。所有人物似乎都穿着长及膝盖的外套，并画成浓厚的黄色和绿色。外套之下，见有鼓胀的深紫色和褐色裤脚。腿上穿着看似长筒袜的东西，但也可能是长靴或软帮鞋。其中有一个人像，长靴的上部为深红色，脚上为绿色；另一个人像上部为黑色，下部为红色，直达脚踝，脚上为黄色。但这个腿足的装备中最奇特的特征是它富丽的深红色、暗绿色和黄色阿拉伯式花纹装饰。花饰中有大量怪诞的涡卷图案，让人联想到中国刺绣中的波浪线。由于角度问题，我没能拍到任何满意的照片，但考虑到这种最顶部湿壁画带所存甚少，因此也没什么可后悔的。画着这些壁画的灰泥面太容易碎裂了，没有办法将它们移走。1914年我回到这里时，发现它们已完全被毁坏。

幸运的是，仁慈的命运之神为我们在护壁的上方保留下了湿壁画饰带，从其主题和处理两方面看，这条饰带都特别重要。我从图89~95以及现场所作的详细记录开始描述这些壁画。从以门南侧为标志的最左面开始，我发现一块长约3英尺的饰带，由于其背后的墙壁腐化，饰带已残，所剩部分高度不到其原来的一半。这块壁画的右面可在图89中看到，上面能够辨别出的只有一个木栏杆式建筑，建筑的上方是一个印度伽提式低矮王座，王座上悬着帏帐。坐在上面的似乎是一个人像的下半身，他的双脚放在一个脚凳上，穿着肉色长袍，长袍上有大量古典式褶皱。此坐像的左面，残有一个着红袍人像的双腿，右面有两个着绿色和红色长袍的小侍者臀部以下的身体。这些侍者的右面，从已淡化的轮廓，刚好能辨别出一双光着的腿，它们属于一个略大些的立像。

接着就到了饰带的完整部分（图89），展现出一个显然位于宫门外的骑马王子像。立柱和横梁构成门两侧墙体的木骨架，他们都被画成淡褐色，用红色描画轮廓。骑马人上方的门楣上写着一行佉卢文，黑色，约有0.75英寸长（图105）。门楣的上方有一个很长的装饰性凹画版，画着棕榈叶及其他装饰叶片，门楣的右边是一大朵雕花。前面已提到，这朵雕花与从内殿门里（实际发现于门廊）发现的木雕（图103）很相似，与从楼兰遗址 L.B 发现的类似木雕也很相似。骑马者的特征和服饰很像接着出现的王子，这个王子也出现在饰带下方护壁的半圆形中。三个人像的脸都具有一种奇特的东方人特征，表现的显然是印度人，且与护壁中出现的男子头像特征差别很大。这里的"王子"披深红色斗篷，斗篷穿过左肩，垂至腰部，风格与湿壁画（图96）中首要人像的斗篷类似。身体的下部盖着一件绿衣服，这件绿衣让人想起印度人的腰布。饰以珠宝的华丽臂环、宽体式项链和三重手镯，全都画成红色，一切都是为了表示这个骑马人的高贵身份。在另外两个相同的人像身上，也发现有这些装饰品。三个人的头饰事实上相同，是一种无檐帽，环绕一个圆锥形帽尖，画有白色环形褶，轮

图105　米兰佛寺 M.V 遗址圆形围廊东南墙上蛋彩的中楣，在骑马王子像上面有题记

廓为红色（骑马人头上左面是白色，其他地方为黑色），说明那是
高帽的顶部，类似现代帕坦人所戴之库拉。无檐帽的边缘上卷，
作扇形，就像在犍陀罗雕塑中王子和其他人像的头饰中经常见到
的那样。后者唯一明显的不同之处是两个上翻的红色半圆形帽边
片。这种帽边片立在贴身的头饰缘上，就像图96的湿壁画上那几
个帽子上的一样，这些帽边片表示的显然是外翻的尖顶帽的衬垫。

　　他的马画得很好，马呈白色，头很小。马勒和马笼头用圆形红饰穗装饰，从骑马人座下露出的鞍褥为褐色，带有黑边。横过马的胸部且显然固定到马鞍上的是一条由3根细绳或带子组成的宽带，带上固定着圆形和方形牌饰，显然是金属的。在这个装饰马具和晚期古典雕塑中所见的马具二者间寻找联系当然会非常有趣，这个马具有好几点似乎与古典雕塑中所见的马具有关联。但对此我既无时间，亦无材料去证实。在犍陀罗浮雕中，悉达多王子的马犍陟（Kaṇṭhaka，释尊出迦昆罗王宫向苦行林时所乘之马名——译者）的肩上，在同一位置也发现有圆形大牌饰或浮凸饰，提一下这一点就足够了。

在骑马者的前面，画着一辆由四匹白马拉着的两轮马车，横过马胸部的马具，特征正是刚才所描述的那种。这里的马也画得很健壮，快跑的动作表现得很轻松（图90）。另一方面，两轮马车的透视感却画得很粗陋，目的显然是要表现轮子和两个侧面。轮子画成黑色，轮辐为深红色，车身为紫色，顶部的边缘很宽，为黄色，并显示有精细的红色和黑色装饰线条。中部上方露出一位美丽而修饰富态的女子的头和双肩。女子显然手拿着缰绳，左手放在车前。她的头发束成发缕，垂在颈下，垂肩发披散在耳前，两条刘海横于额上。脸具"天堂女神"特征，表明是从某种受伊朗影响的希腊原型发展而来。她头巾形的头饰与下面护壁中第二个女子像所戴近乎相同，因此将放在那里进行详细描述，并用较大比例表现出来。头发上的两串红珠子隐约用环形大珠宝装饰固定在额中间。她的衣服是一件淡紫色的紧身上衣，前面开襟，在衣服上面从颈的一侧垂下两串淡黄色珠子，一件暗绿色斗篷或披肩披在左肩，显出很粗的褶皱。立于这个美丽的马车驾驶员身后的似乎是两个孩子，画得相当粗糙，头不合比例，显得太大。额上的头发很奇特，类似于连茎的双叶，从 M.III 护壁天使像上我们已经见过这种发式，因而对此已很熟悉。这缕头发使他们看起来像男孩。右边的一个着黄色背心，另一个着淡蓝色背心，两件背心的边沿都很整齐，为红色。左边男孩的一条手臂饰以珠宝臂环和一只手镯。

马车前面画有一棵树，明显要表明画面背景为森林，就像接下来的背景中出现的树叶和树。在某种意义上，两棵树都画得与前面已讨论过的湿壁画版（图88）所展示的那种树相似。树冠画成圆锥形，深绿色，几乎接近黑色，意思是从整体上表现一团成荫的树叶，圆锥形树冠上面画着黄色的叶和花，混杂着一些浅绿色叶子。树枝表现成很暗的深红色，树干为褐色，带有疤，表示那里的树枝被砍掉了。两棵树之间，靠着暗背景，有一头行进中的雄性白象，装饰得十分华丽。暗背景中还能辨认出画有树叶（图91、92）。白象画得很逼真，在残存的饰带中，它看起来是最主要的，塑造得也最好。白象的眼和面部特征以及腿的动作，都被熟练地捕捉到了，而且显然是出于个人的观察。装饰着额和象鼻的圆形大凸饰画成黄色，用红色勾勒轮廓，可能要表示它们是金饰品。它们用细黑带系着。大象右耳上悬着3串大环形物，黄色，红缘。额上环绕着一个用黄叶做成的花环，用红色勾勒轮廓，显然是表示金子。盖在背上的覆盖物同样很华丽。鞍褥可能是用毡做的，边缘有红黑相间的流苏。鞍褥上铺一块地毯形织物，黄色，可能表示金布。上面的小圈，轮廓为粉红色，构成一种菱形图案，它们是织或绣出来的。每一个小圈里面，填着一朵五瓣蔷薇花，蔷薇花的颜色交替为深红色和淡蓝色。鞍褥的角上悬挂着大金属铃，画成暗红色。铃附近的右后腿上，在白色背景上写有一则短题字（图106），为3行小而清晰的佉卢文，每行长2.5英寸多。

图106 米兰佛寺 M.V 遗址圆形围廊南墙上蛋彩的中楣，在大象腿上有题记

白象前有一人牵着象鼻前行（图92），其头饰和衣服的特征（除色彩有所变化外）跟骑马人和下面护壁半圆形中的人像完全相似，颈、耳、手臂和手腕上戴着大量珠宝，这一切清楚表明，他是一位印度王子。披肩似的斗篷披在左肩上，为淡绿色。臀部以下所穿腰布形衣服为黄色，显出许多褶皱，明显是源自古典形象，衣服的轮廓线表示成红色。镶以宝石的宽项链、花形大耳环、中心镶有珠宝的臂环和三重手镯都画成黄色，以示它们都是金子做的，边缘线为红色。他左手牵着象鼻，右手提一形状奇特的水壶。水壶画成黄褐色，显然是要表示其金属质地。它的底座很细，流很直，以此推断，这只水壶与北印度一种叫恒河海的容器极为相似，印度人习惯上用这种容器来装献祭用的水。

　　往前见有一行四人，取同样的姿势，向王子走去，他们穿着朴素（图93）。从其浓密的头发和胡须、从其左手拿着的长棒和小水碗，很容易看出他们是典型的印度苦行者的形象。他们的脸色都很红润，说明他们经常生活在开阔的丛林。他们袒露着变成褐色的胸膛，穿着简单的衣服。衣服形状类似，但颜色不同。左边的白胡子老人头上扎着一小块白色的薄头巾。他臀部以下系着黄色腰布，双肩披着一件绿色的斗篷，正是其他地方僧伽所采用的样子，斗篷的尾部下垂至膝部以下。他旁边的中年人留着粗黑的胡须和上髭，披一件紫色斗篷和围着黄色腰布。下一个是无胡须的青年，几缕头发垂至耳下，其余的头发已部分淡去，在头顶上扎起来，看上去像是一个发髻。他的衣服是一件亮绿色腰布和一件黄色斗篷。最右边的一个人像保存得较好，是一个中年人，光着头，长着卷曲的胡须和上髭，都为黑色。他穿一件紫色斗篷和围着一块绿色腰布。

这最后一个人像之外，背景中可见到一棵树，树叶为绿色宽叶，叶缘为白花组成的小曲线。前景中还残存有另一辆马车（图95）的局部，其余部分由于内殿的墙壁靠近前面提到过的缺口，遭到了破坏，因而没有保存下来。这辆马车的轮廓和颜色与饰带左侧那辆马车一模一样，但手拿缰绳的人像的右臂和胸部，清楚显示是一个男子。再往前是一些残块饰带，只保留有另两辆马车的车轮痕迹，两辆马车之间有一个披着衣服的大型人像，此人正向前行走，右手持一扇形物。

环形过道的北面弧形墙壁中，大缺口之外，我们已经说过，内殿墙壁的上部，遭到了严重破坏，只保留有曾装饰其表面的零碎饰带残块，即使是这些，也仅仅是因为处在最低处才得以保存。它们中没有一块高度超过1英尺。从左起第一块中，将饰带与护壁分隔的边线上方，有一些可辨的东西，在图98中可隐约看出来。可以看出，有一只毛发蓬乱的狮子，头部已被抹去，尾巴拖在两条后腿之间，面向3个动物而坐，3个动物只有腿和分开的蹄子残存下来。其右有一些遗迹，可以辨识出两个站立着的人像的腿和一些类似垂有门帘的门的东西。接下来是两个小型男子像的局部，类似于图104所示。其一着红褐色背心和绿色内衣，右臂以及腹部的短裙上又有一种由小方格构成的衣服，显然是表示盔甲。右手似乎抓着可能是一根长矛的中部。

　接着是一些几乎被完全抹去的动物形象，其中可看出有一匹奔马的腿、一只黄皮肤上带有黑点的短尾兽和一只蹲伏着的兽。接着就是从图104中看到的那块小断块了。这块断块上也有两个男子像，长着上髭，特征和服饰一如刚才所述的人像。他们的头部保存得相当好，包着印度人所用的轻薄头巾，样子就像亚历山大著名的庞培摩西战役中大流士的头饰。两个人都穿着紧身的上衣，左边的穿绿色上衣，右边的穿肉色上衣。左肩披斗篷，但颜色的顺序刚好相反，左边的为肉色，右边的为绿色。从照片中也可看到臀部和腹部上穿着盔甲裙。左边的人像右臂戴手镯，似乎面向动物，同时另一个人像左手上抬，明显表现出厌恶或怜悯的表情。这个人像的肩上，有3个模糊的佉卢文字，我暂时将其读作 ṭha mi tra。在最右面紧靠着墙边还保留着一根木质门侧柱，那里有一个年轻的小人像，跨着一只飞驰的动物。动物的身体看上去像是一只有黑斑点的黄色兽，但从头和颈上看则是一匹马（图104）。骑兽人穿着轻便，好像是穿一件背心和"短裤"，手臂抱着动物的脖子。在他胸部附近，我只辨认出两个佉卢文字符，似乎读作"eṣe"，类似于此饰带开始部分门楣上所写的头两个字符。

　我不能奢望北半圆壁上这些少得可怜的饰带遗迹会有助于解释所展现出的场景。它与现存南半圆壁上令人着迷的饰带不同，在南半圆壁的饰带上，打开在我面前的是活泼的队列行进图。由于背景中奇怪地出现遥远希腊化西方的痕迹和图画中精美的庞培红和大量细节，因此毋庸置疑，饰带的主题是选自某个佛教故事。然而我对佛教圣徒传所知甚少，因而当时没能认出它来，后来甚至是在找到了可利用的必要书籍之时，也没有时间对它进行系统研究。因此，这个饰带的主题之谜1901年夏被我的朋友富歇先生解开时，我感到特别高兴。他根据我提供的照片和描述，立刻就认出饰带上的场面，就是选自须达摩王传，这个故事是成百个本生故事中著名的一个。

这个传说包含在巴利文本生故事中，在各种梵文本本生故事中也有发现，因此特别流行，还因为不仅在用来装饰桑奇和阿马拉瓦蒂的窣堵波的古印度教雕塑中表现有这个传说，而且它也是迄今为止在犍陀罗地区的浮雕中所发现的少数几个本生故事之一。考虑到这个传说确定的起源是在犍陀罗一个著名的圣地，即今沙泊斯伽梨（此即《大唐西域记》中的"跋虏沙城"，在今白沙瓦东北65公里处——译者）附近，因此，在希腊化佛教雕塑中，仅有3个关于它的图像化实例，这当然是很奇怪的。这3个实例是从曾用来装饰杰马勒格里楼梯侧面的浮雕凹画版中发现的，它们现藏大英博物馆。在早期巴利文版本的本生故事中，这个故事描述得非常详细，而且关于这个故事的译本非常多，很容易找到，加之它又特别著名，因此这里最简略地说一下它的梗概就够了。

故事讲道，须达摩王子是佛生前的化身，是皇室的继承人，他乐善好施，将具有降雨之能的神奇白象和极贵重的装饰品施舍给婆罗门。国人恐其国因失此神像而遭劫难，多有怨言。国王即其父，遂依此等人之意，将须达摩驱逐林中。须达摩于是带着坚持要跟他一起放逐的妻子玛德利和两个孩子，乘一辆两轮马车离开王城，离城之时，他舍弃了装载的贵重物品。他"倾其所有，施舍于乞丐"，然后离城而去，遇四个未赶上大布施的婆罗门托钵僧，要他施舍驾车之马。须达摩遂将马施舍之，四个假扮成红鹿的神替代四马拉车前行，这时须达摩又遇到另一个婆罗门，要他将马车施舍于他，须达摩依言照办。须达摩王子和他的妻子携子前行，然后隐居于山中一座偏僻小寺。在那里，他最后又按神的意愿先将两个孩子当作虔诚的礼物布施给了神，然后连他忠诚的妻子也布施了出去。通过这些严酷的考验，证明了他无尽的仁慈之心后，神最后将其妻儿归还于他，并让来林中找他的父亲将他加冕为王。这样一切都按古老的民间故事方式，以美满的结局作为结尾。

这个故事一旦被确定下来，对所拍现存饰带部分照片中所表现场景的认识就容易多了。在最左端（图89、90），我们看到穿王子服的须达摩正骑马走出王城的城门，前面是妻子玛德利和两个孩子，他们乘一辆"由四匹信德马拉的华丽马车"，正是本生故事所描写的样子。画家将两个孩子表现为男孩这特别重要，因为本生故事中存在着明显的矛盾，在有些地方，说他们一个是男孩耶利，一个是女孩矙拏延，而在另一些地方又说他们是两个儿子，在可能是较古老的散文和韵文体经文中，都发现有这种明显的不一致说法。下一个场面，画着具有魔力的白象和在前面牵着白象的王子（图91、92）。他提着献祭用的水壶，表明了准备布施礼物。按照一个与接下来发生的类似事件有关的本生故事明确提到的古印度布施仪式，祭水将必须从此壶流出。

这里有一个时间先后方面的错误，推测其理由将没什么裨益，因为尽管整个饰带保存下来的只是一小部分，但很容易从其他圣传图画中举出对比的材料。由于这个错误，用来布施的神奇白象，作为须达摩本生最显著的事件之一，被放到了须达摩王子被放逐出王城之后的行程之中，虽然根据本生故事所载，这个事件事实上是发生在他离开王城和接着发生的所有事件之前。其中发生最早的事件之一，是遇到4个婆罗门，他将马布施给了他们。毫无疑问，饰带上在林中与王子相遇的4个托钵僧，表示的就是这4个婆罗门。那么，是这个传说还有另一种版本呢，还是仅仅是艺术的变通，将他们处理成与牵白象的王子面面相对？目前似乎不可能有肯定的答案。我们也不可能希望知道，西边大缺口前的饰带残部紧接着出现的两轮马车和四马两轮马车，是否与本生故事中告诉我们的向另一个婆罗门布施马车的事件有关。

无论艺术家在选择和安排构图中的场面时采取什么样的灵活方式，我还是注意到在几个典型细节中，他是完全按照传说来进行处理的。这就是每一个场景中王子都被设计成修饰以珠宝的形象，这显然是为了强调他身上带着贵重的装饰品，就如本生故事告诉我们的，同时也表明他离开王城时向乞丐布施。画家描画出神奇白象似乎也是出于同样的意图，它很可能用来代表本生故事中记载得如此啰唆的奇异的装饰品。故事中的描述太长，不可能全部引述过来。我们只要从这个神话故事所数出的详细清单中，注意如下内容就够了："它的背上有珍珠网、黄金网和宝石网，三张网值三十万；双耳中的值二十万；背上的一块小地毯值十万，额球上的装饰品值十万……象牙上的装饰品值二十万，象鼻上的装饰品值十万。"王子所提献祭用的水壶，其细节同样重要，这我们已经在前面提到。

北半圆壁上的饰带儿被尽毁，更让人感到遗憾，因为这使我们不能看到艺术家曾是如何处理须达摩王子本生后面特别戏剧性的事件。比较他对他们的处理和宋云留给我们的关于其形象的描述将很有意义。宋云所述的形象可能是画出来的，他在沙泊斯伽梨附近的圣地看到它们，这个传说就是在那里被犍陀罗佛教传统地方化的。他告诉我们，那里寺内所画须达摩本生图十分动人，连胡人见到也莫不悲泣。事实上，富歇先生对此壁画的确认的确令人高兴，它使我们能够识别并解释这些富有特色的人像，甚至是饰带最下部所剩无几且损害严重的遗迹中的那些图像。对此我们一定感到很满意。这样图98中所见之狮子，即黄皮肤上带有黑点的动物和另一只蹲伏着的兽，如此等等，似乎是表示狮、虎和豹，它们代表三个神，目的是要阻延玛德利返回偏僻小寺的时间并在邪恶的婆罗门从王子那儿带走其孩子时保护她不被林中野兽吃掉。图105右侧的青年，跨着一只飞驰的头像马、身体像图98中面对着狮子的那些兽的动物，可能是表示两个小王子之一正在林中怪兽间玩耍。同一块饰带中所见穿盔甲的两个男子也在另一块饰带中出现，可能是用来象征大批武装的军队，因为本生故事告诉我们，国王即须达摩的父亲曾带着他们前往森林召回其圣子并授予其王位。

第七节　内殿 M.V 的绘画护壁

对饰带完好处保存下来的短题字我们先将其放下，暂不作进一步的解释，现在可以去欣赏一下那一组迷人的人像。这组人像构成绘画内殿墙壁足部的护壁，与这些人像相连的波形花彩构成人像画版的边框。从起源和特征上看，这种花彩显然是希腊式的。前面已经提及，在犍陀罗浮雕版的装饰中，这种主题十分常见。我也曾指出，我们所见护壁中修饰丰富的人像与犍陀罗浮雕版中的人像之间，总体上存在着相似性。但是，在开始回顾这些人像所表现出的明显的变化之前，我想顺便记录一下与花彩本身有关的几个细节。

从图89~95中可清楚地看到，花彩由一个绘成黑色的花环组成，宽约5.5英寸，处理成交替升高和下垂的波状曲线。包括花环的宽度，花彩最高约1英尺8英寸。下垂的曲部作半圆形，半圆形中间填以连续的半身人像。上升的曲部被年轻的人像扛在肩上支撑着。下垂的曲部比上升的略宽一些。这说明扛着花彩的人像所画的比例多少要比曲部上方出现的半身人像小。两个上曲部中心之间的距离平均为2英尺7英寸。如果我们假定，所观察到的所有半圆形都是这个尺寸，并从内殿确定的直径26.5英尺计算出环形过道墙壁的周长大致为83.26英尺，那么我们将推论出，除门宽约5英尺1英寸外，可用作护壁的有效墙面能容纳总共30个半圆形和相应数目的半身人像。因为我们发现过道西墙已完全残毁，所以假设那里也曾有一扇门或一扇低窗，如果真是这样，那么半圆形和半身人像的总数将限于28个。我们将看到，我们还能找到其中的20个，虽然有些半圆形只剩下很不完整的轮廓。

起支撑作用的人像两侧各有一个花环，花环的突起部系着一根缎带，缎带通常为双层，黄绿色。每条缎带的上方和下方装饰着代表花的小球，三个为一组，交替为粉红色和白色。缎带的位置，与在犍陀罗浮雕花彩上所见完全相同，如果更仔细地察看就会发现，那些花被安置在花环中。花彩垂曲的底部总是画着一个奇怪的椭圆形物体，类似倒过来的大罐，有一部分花彩还被其覆盖。在图89、90中能够看到它的局部，但普遍已因磨损而严重毁坏。尚能辨别的部分色彩变化很大。有的有纯黑色的边，带有小花般的粉红色小点。有的为深红色，有的为白色，有的为鲜红色，有的为石板一样的灰色。还有一个为粉红色，上面填着种子形的黑色小点。对于这一点，将其与犍陀罗浮雕中的花彩作一对比，就会得到正确的解释，在犍陀罗浮雕花彩中，我们常常看到，花彩的下垂部被葫芦或甜瓜之类大型的水果向下压弯。护壁的背景为浅黄色。在半圆形中，头两侧和头与花彩之间的地方画一朵蔷薇花，六瓣或七瓣，具有晚期希腊化艺术中流行的那种传统型蔷薇花的特征。这朵蔷薇花的色彩总是一边为绿色，另一边为粉红色或白色。

肩扛花彩的年轻人总是立像，露出身高的四分之三，体现出两种不同的特征。从源流和图案上看，两种特征无疑都是古典式的。这些人像被处理得逼真自然，富于个性，具有希腊化艺术的明显印记。一种特征是无翼的阿莫里尼（小爱神——译者），标本见图89、93、95。另一种以披垂衣戴弗里几亚帽的人像为代表，尽管其面部看起来像少女，但仍使我联想起年轻的密特拉神（古波斯光明之神）的肖像，对这种神的崇拜，从希腊化的东方伊朗边界一直传播到罗马帝国最边远的省。具有这种特征的标本见图90、91、92、98，还有一件特别好的标本，虽然保存状况较差，但人像的头部可以在湿壁画版中看到。我们有趣地注意到，在犍陀罗浮雕上，肩扛花彩的无翼小爱神中，着垂衣的孩子像并非完全没有。与这些浮雕版的布置有关联的另一点，就是对护壁上的那些扛花彩人像的处理方式，这些人像通常被处理成两两相向，其功能必然意味着某种姿势的限制。然而不仅在面部特征和双眼的表情上，而且在手臂和手的位置上显然努力引入了一种令人喜爱的变化。这就是，有些帕提（丘比特式的儿童形象）表现为双臂从花彩后面穿过来，并将手指放在花彩的边缘上（图93）；有些则只用一个肩膀扛花彩，通常是用左肩（图89、90、95、98），同时他们中有一两个，右手持一种适当的小物品，如葡萄或帕特拉（即碗或钵——译者）。阿莫里尼和戴弗里几亚帽的青年都处理成轮流出现，不然就是将他们处理成对时，总是让其互相面对面，这无疑也是出于要引入同样可爱的变化这个目的。

无翼厄洛特和孩子似的密特拉神像的这种恰当结合，似乎是一个象征，说明其受到两种主要的影响，这两种影响通过波浪形花彩凹部上方引人注目的连续半身人像反映出来。每个凹部上方都画着一个男人或少女的头部和胸部，每个半身像都自然地表现出独特的表情，这种自由处理的个性化表情使这一效果显得最为显著，尽管常常已褪色。在画面和绘画技法方面，就像犍陀罗希腊式佛教雕塑中的一样，希腊化艺术的影响表现得十分突出。但其中似乎混合了复活的古伊朗艺术风格的影响，尽管没那么明显。这些半身像中只有一个例外，即从上部饰带借用来的印度王子半身像，使人想起创造他们表情的艺术有些印度特征。只要一瞥就会看得很清楚，混合在这套迷人的奇怪护壁画中的人像，没有一个与佛教崇拜有关系，而这个寺庙却是专为佛教崇拜而设。希腊化佛教艺术的纯粹装饰浮雕是如此之多，但即使没有它们提供的证明，我们也不可能认识不到，整个护壁画的目的其实是为了看起来能够赏心悦目。这些快乐的人像表现出的差别，使我一开始就把设计这些人像，看作是为了使生活中的各种快乐人格化。艰苦的条件使那里的人们对此也许不会感到惊奇，我就是在那种艰难条件下，在该遗址坚持工作了数月。

像上部饰带一样，对残存护壁的详细描述，最好从南半圆形的左端开始。当虔诚的访问者开始沿着佛塔绕行，护壁就是从那里开始将自己展现在访问者的眼前。在紧靠着环形过道入口的墙壁上，开始画出花彩，开始部分为一个上曲部的中间部位，那里用通常的缎带固定着一个花环，缎带呈绯红色，像围巾一样向下垂着。第一个半圆形中画着一大朵深红色的花，宽接近1英尺，花瓣和萼片为传统型，中心呈圆形，暗黄色，上面画着表示种子或雄蕊的红色小圆环。花彩的下一个上曲部，由一个阿莫里尼扛着，从图89中可看到，这个小爱神的右手放在他的胸部，砖红色的腰布垂在臀部周围。他额上的头发装饰成双叶形发缕，与 M.III 天使额上的发式类似。在护壁的这个人像和所有其他人像中，对肌肤"光与影"的处理，由于比例较大，可以观察得清清楚楚，它与对 M.III 湿壁画版的描述中介绍得非常详细的那种相同。

在接下来的一个半圆形中，画着一个少女优美的半身像（图89、90、94），少女正弹奏着四弦曼陀林，她的双眼娴静地看向下方。她长着浓密的黑发，额上的头发装饰成前面已述湿壁画断块（图97）中的那种发式，颈后的头发用深红色缎带扎成一束。额上的头发上戴着一个用红珠子装配成的花冠，花冠的中心镶着大小各两颗红宝石。头上环绕着一个用白玫瑰编织的大花环，玫瑰花的中心绽放出粉红色雄蕊。每一只耳前都垂悬着一缕卷曲的垂肩发，耳下垂着一朵深红色的花。充满性感的双唇与这个成熟美人的精心装扮相得益彰，浓厚的深红色斗篷披覆在她的左肩，将其一部分石板色的背心遮盖，这增强了其充分发育的效果。她右边的花彩由一个戴弗里几亚帽的青年扛着，青年的双手抱着花彩，一件贴身的绿衣从颈部垂至膝上，暗黄色帽子的长垂片遮住了双耳和部分脖子。

在接下来的凹部中，画着一个长着胡须的男性半身像（图90、94），他面对着刚才描述的少女，容貌和服装特征很明显。浓密而卷曲的黑发，浓髭长须，本身就足以清楚表明，这个头像与其他半身像中所表现的古典男子头像不同。双眼、相交于阔鼻上方的浓眉、低额和厚唇，它们表现出的特征，似乎与古典艺术中表现出的北方野蛮人有某种联系，比如斯基泰人或高卢人。上抬并靠在胸部的右手持一高脚杯，无疑是玻璃质，因为杯后面衣服的颜色透了过来，产生特有的光泽。浅蓝灰色外套用一条宽领带交叉于胸前，领带上显示有轮廓鲜明的阿拉伯式花饰，花饰的底色为奶油色，花纹为红色和黑色。面部、姿势和服饰各个方面似乎都传达出对人世美好事物的真诚热爱，从早期汉文记载和其他证据判断，这似乎总是居住于新疆绿洲的民族品格中占主导地位的特征，就像今天一样。好像是得到某种启发，画家让支撑右边花彩的戴弗里几亚帽的青年手持一串深红色葡萄。遗憾的是，图91没有将此细节表现出来。精心描画的人像有着一双梦幻般的大眼，他穿着一件带袖的紧身绿背心，戴淡紫色帽或兜帽，帽下有一小缕头发露出在额前。

花彩的下一个凹部画着一个男性半身像，一看便知是从上部饰带中复制过来的须达摩王子像。半身像的位置就在表现王子施舍白象的情景之下，这显然不只是偶然。如果这套引人注目的半身像中也要包括一个印度人，那么出现白象这个动物的地方，当是其最合适的位置，因为白象是印度的象征。面部全部剃光，只留有卷曲的小髭，就像希腊化佛教雕塑家可能曾从属于同一时期的印度那里借来表现其喜爱的乔答摩菩萨的那种。面部特征和梦幻般的双眼传达出一种显然是印度式柔和的表情。黑色发绺垂于耳下，有助于使面部产生一种加长感。头饰在所有细节上都与须达摩像所戴头饰相同，此不赘述。淡绿色斗篷大多披在左肩，这样胸部的大部分就袒露出来，对照这套湿壁画中另一幅半身像全身着垂衣的外表，似乎要表明这是一个从遥远的南方引入的陌生人。耳中的大型装饰，环绕在颈部的饰以珠宝的宽带和粗大的手镯，全都画成暗红色，从饰带上我们对此已很熟悉。但这里由于这个印度人像与完全世俗的人像在一起出现，因此它们也许可以被解释为一种象征，表示其喜爱珠宝宝气，印度上流社会的成年男子总是特别有此爱好，这已为大量证据所证明，包括犍陀罗雕塑。右手似乎举着一个水果，很清楚为暗黄色，带有红边，从形状和颜色看，可能是一个石榴。

右侧是一个阿莫里尼，额上有一缕叶形发束，臀部着淡红褐色腰布。阿莫里尼的右边是又一个半圆形，里面画一位美少女半身像，少女姿态优雅，左肩承一细颈瓶，右手持一白色帕特拉（图93、95）。她的一双大眼充满生气，半转向左方，略微上视，似乎是以传统的方式向从门口进入的访问者致意。她细致优雅、精心描绘的面庞，显然是一个希腊人，但似乎混合了其他民族的特征，因而看上去像是一位地中海东部或切尔克斯型美女。浓密乌黑的头发上戴着的白色头巾又表明她是近东或伊朗人。一条红色装饰品横贯至右边，那里用一条红带扎着一个黑色球形物。长鬈发垂于耳前，发梢上曲，额上露出的头发范围很宽，装饰着3串红珠子，可能是珊瑚。长而优美的粉红色垂饰自双耳垂下，相同颜色的手镯套在手腕上。胸部和双肩着深红褐色紧身衣，于胸前交错，并有袖子。颈部祖露。一条美丽的浅绿色面纱自头饰垂下，落至左肩上，然后通过左胸而下悬。

　　右面的阿莫里尼（图95）以温文尔雅的方式扛着花彩，他的右手放在臀部，臀部覆盖着一块绿色围巾。他圆胖的脸庞看上去完全是西方人，画得非常出色。他看起来像是专心地注视着身旁美丽的女士。我的双眼也感觉到这个美与仁慈化身的迷人的魅力，觉得这座废墟和周围沙漠的荒凉也显得美丽起来。但是，这个美丽的半身像以对面一个显然是西方人的男子头像来获得平衡，这令人感到奇怪。这个男子头像有点罗马人的痕迹（图95）。这是一个青年人的头，短而方，额头宽而低，头顶平，颚方形。尽管这块壁画已被严重毁坏，但我还是设法带了回来。眼睛大，布置得很直，眼的上方画着弓形眉。健壮的脸庞剃得精光，修剪得很短的黑发延伸到耳前。肤色用高光和阴影进行处理，与 M.III 护壁上的头像的处理相同。衣服由暗红色外套或宽外袍和披在上面的浅绿色斗篷组成，颜色已极度淡化。斗篷搭在右肩上。右臂上抬横过胸部，在原湿壁画中，我能清楚辨识出手的这个特别的姿势，但在照片中已不再能够看出来。这个姿势让人想起古典莫拉（划拳——译者）游戏的表演者，食指和小指伸开，中间的两根手指向下弯曲。

在这个半身像之后，墙的绘画面达到的护壁高度虽然足以容纳3个半圆形，但因从上面落下的土坯块而毁坏严重，没有留下任何人像痕迹。紧靠西墙裂口开始的地方，保存有一度填于花彩凹部的罕见的少女半身像痕迹，其右面是一个戴弗里几亚帽的青年，他支撑着花环（图107）。人像还在墙上时，颈部以下便已严重毁坏，我可以说是试验性地设法移走的部分，由于灰泥非常脆弱，又遭受了一些损害。然而即使如此，还是可以看出，这个美人脸部特征细致优雅，椭圆形脸庞优美动人，张大的双眼活泼可爱，巧妙画出阴影的肤色更是明艳悦目。发白的暗黄色帽子下面，可见窄窄的黑色发际，也保留着部分红色衣服的痕迹。右手手指形状完美，举着一个口缘为褐色的碗靠在胸前，宛如在饮水一般。接下来的一个半身像只可认出为一个男子的轮廓，他右手持一个帕特拉。其余墙壁被完全毁坏。

北半段弧壁左端环形过道的墙壁上，表面的灰泥发现已严重毁坏。所以在那里见到的第一个人像，只能确定他是一名男子，长着胡须，头发飘垂，着黑色背心和绿色上衣。下一个人像，头画得相当完美，肩负着花彩，头戴弗里几亚帽，身着绿色服装。

图 107　米兰佛寺 M.V 遗址墙壁上的蛋彩壁画残片

图 108　米兰佛寺 M.V 遗址墙壁上的蛋彩壁画残片

这个人像与另一个年轻密特拉神（古波斯光明之神）式天使像之间的凹部状况很差，保存着一个少女的头部和胸部。虽然大部分地方已被抹去，但还是可看出她一双水灵灵的大眼直视着前方，发辫垂至描绘得十分完美的颈部。衣服是一件红褐色的背心和一块黑色披肩。右手似乎握着一把三弦乐器的尾部。至于下一个半圆形中的男子头像，双眼上方的部位已被抹去，下方显示有很粗的黑发缕，浓密的上髭和变尖的下曲须。衣服为绿色，颈上开有领口，领口的边缘置一条红褐色宽围巾，形成一个三角形。

　　接下来的两个半圆形，侧侍于第一个半圆形两侧的两个阿莫里尼互相面对着面，左边的那个描画成嬉戏的姿势，用右手抓住跷起的左脚。两个阿莫里尼剃光的额上都有奇特的叶形发缕。他们之间的花彩凹部有一个美丽的少女，少女快乐地看向左方，脸上带着笑容。她浓密的黑发显然扎成一束，置于颈后，头上戴一个白色花冠，花冠边上织着绯红色的花边。垂肩长发悬垂于耳前，上面挂着红色装饰品。外套暗黄色，有许多褶皱，上面的披风披在左肩上。下一个半圆形中有一个青年的头部和胸部，他的特征似乎是对近东的回忆。他有着卷曲的黑发，额头很低，额头上的头发被剪得很齐整，细长的发缕半垂于耳前。下巴和颚部长着稀疏的汗毛。右手上抬作玩莫拉姿势，这个姿势前面已经说过，食指和小指伸开，其余手指内曲。他的衣服是一件绿色无袖背心，里面穿有一件肉色内衣，背心的右臂上画有古典式褶皱。右边扛花彩人像的粉红色上衣显示有很粗的褶皱，这个人像戴一淡紫色弗里几亚帽，着绿色裙子。

　　靠近东头的护壁上剩余的人像或多或少表面都遭受到一些损坏，有些地方灰泥面起皮脱落，有些颜色已失。剩余部分由于现已难以解释清楚，我不能对其加以举例说明，对他们的描述必定十分简略。下一个半圆形包含着一个少女美丽的头像，黑发扎成宽松的发辫垂悬于颈下，发冠上面环绕着深红色葡萄植物。她穿一身绿色内衣，双肩和局部胸部上罩着淡粉色斗篷。右手手指从此斗篷下面露出来，紧握着斗篷的边缘，姿势在着宽外袍的古典雕像中很常见。旁边是一个戴弗里几亚帽的扛花彩人像，他戴粉红色帽子，着绿色汗衫，面对着他的垂饰。他以外是一个长胡须的男子头像，几乎完全毁坏了。一顶圆锥形暗黄色帽子和一块黑色围巾斜穿于双肩和胸部之上(图94)，让人想到是要表现一个"野蛮人"。最后，在两个淡化到几乎不能辨识的阿莫里尼之间，出现另一名男子头像的残迹，这名男子的头发很长，黑色，留有帝须，尖髭向上弯曲。这个人像也戴宽围巾，红褐色，交叉于胸部，显然是"野蛮人"风格。所有半圆形中的最后一个，花彩在那里结束于门口的北侧，就像在其对面标志着花彩开始的半圆形中一样，这里也有一朵类似的深红色大蔷薇花。

　　对护壁的详细检查现已完成，它使我较易于解释当我实际面对这些壁画时便引起我注意并令我迷惑了很长时间的一点。这就是上部饰带组成的艺术处理和护壁中人像的艺术处理之间的差别。这个差别清清楚楚地存在，却难以定义。在护壁人像的艺术处理中，总的装饰设计，图案风格，着色技巧及其使人产生错觉的明暗对照画法的使用，每一个人像处理中采用的醒目的自由化手法，几乎一切都强烈表明，这件作品的画家主要是在复制从东方化希腊艺术充分发展起来的风格，可是他对其精神的熟悉，对其技法知识的直接掌握，又为他画出的每一个半身人像赋予了一种个性化的氛围。看着他的这套护壁作品，我觉得没有必要再去考虑这些扛着花彩装饰并使其富有趣味的明艳的人像指的是什么。在西方人看来，感觉到几乎所有这些人像都充满着生活的美和快乐，并由此而感到心里洋溢出欢乐的情怀，这就足够了。

当我的视线停在护壁上时，我常常感到自己好像要被那上面的绘画艺术所感染，几乎要相信自己与其说是站在赛里斯（Seres，中国——译者）这个特别边境上的佛教圣所（指教堂、寺院等）废墟中，不如说是置身于罗马帝国末期叙利亚或其他某个东北方省的一个别墅废墟之中。当我审视着饰带，印象又有很大不同。印度王子像的身份、技法等方面的许多相似点也已证明是出自同一人之手。然而虽然有许多特征，例如垂衣和四马两轮战车，可能显然直接源自晚期古典艺术，但也有许多特征证明这种印象，即这个画家在这里所依据的原型，已经被改编和确定为一种明显是印度传统的生硬得多的模式。

尽管目前还有许多难解之处，许多结论是推测性的，但饰带中所绘佛教传说的识别被认为可以解释那个印象。在这个饰带中，不论画家的原住地在何处，他都不得不受到装饰主题神圣性质的约束，而必须完全坚持传统表示法。与印度西北边界所建立的一样，希腊化佛教艺术可能在数世纪前就已采用这种传统手法来表现那个喜爱的传说。另一方面，关于护壁，我们试图假定，作品的纯装饰和明白世俗的性质使他可以自由地接受更直接更新的西方艺术的影响。如果要我简明地表达我的解释，我会毫不犹豫地奉上如下这个推测性的回答：印度的希腊化佛教风格在饰带中打下了烙印，而希腊化的近东同一时期的艺术，则从伊朗传播过来，在护壁上产生了影响。

第八节　M.V 发现佉卢文题记以及米兰的遗迹

仅用中楣和墙裙艺术处理手法上所显示出来的不同来作的解释，后来又明显地而且是不期然地受到了其他材料的支持。这个支持来自对已经提到的两条短佉卢文题记之一的解读，这两条题记发现于中楣的保存良好的南面部分。我对它们做了认真的摹写，从少数几个在现场就作了解读的字上来看，我觉得有把握作出下述判断：它们的语言与尼雅、安迪尔和楼兰遗址出土文书上所书写的语言是一样的，都是同一印度俗语。

引起我特别注意的是，在大象的右大腿上用黑墨清楚地书写的题记（图106）。它由3行组成，短而略微弯曲。虽然书写的文字高0.3~0.5英寸，但大象皮肤的白色背景仍使字体显得非常清晰可辨。这样一来，我就很容易看出它们的写法来了。实际上这些字的写法无论在方向上还是间隙上都让人难以捉摸，明显地与写在宫门上方的那些较大的、直而规则的题记不同，后者一看就是出自一个训练有素的誊写员之手。这个样子像准碑文的题记，可能指的就是它下面紧邻的那幅骑马王子像。在大象后腿上的这段书写，看上去如果是用来作诸如命名所表现的场景或演员之类的记载，但又显得过长了。而另一方面它也不像是某些过客偶尔留下来的像"到此一游"一类的粗率题词，尤其是在这么一种经过精心选择的部位上。因此将这些蛛丝马迹点点滴滴串联起来，我就形成了一个模糊的猜测：这一小段题记很可能是一段简要的记载，而它的目的又是与画师本人有关的。

我几乎忘记了这一猜测，但令我感到吃惊的是3年多以后。当时阿贝·博耶先生从我拍的照片和做的摹写上，对这些题记做了进一步的检查，结果证实我的猜测是正确的。根据博耶先生的详细观察（在他的论文《米兰题记》中，他提供了对这一记载的解读和翻译），这3行题记可以作如下转写：

titaṣa eṣā ghali

hastakrica[*bhaṃma*]*ka*

3 100

它们可以翻译成下列意思："本绘画系提它［之作品］，该人［为此］接受了3 000巴玛卡（Bhaṃmakas）。"可能影响到这一解读的唯一的可疑之处在于灰泥墙壁的剥裂，它正从［bhaṃma］

ka 一词的头两个字处经过，所缺的字母可以从印度编纂的词典中的梵文词 "bharman" 来补足。该词是一种钱币名称，而看上去本题记中的这一词代表的应是它的语音上的派生词。但是正如博耶先生所及时指出的那样，从接下来的清楚的数字以及前一个词 "hastakrica"（意即梵文的 haste kṛtya，已接受的意思）上来看，这个词的意思是可以确定的，即使它被读作其他词，也仍是用来指称某种币值的。

然而这个奇怪的小题记的真正意义，可能并不在于它提到了画师得到的报酬。因为如果我们接受博耶先生的翻译（对我来讲其正确性是毫无疑问的），我无须犹豫即可以感觉到对 "tita" 一词的辨认实则是画师名字的一种所有格，而它与 "Titus" 的西方名字是相似的。关于 "Tita" 一词，我们不能从词源学上和语音学上把它释为在米兰佛寺所代表的时代里，任何印度语或伊朗语在当地生长出的一种名词形式。另一方面，在很多希腊语与古代印度自西方借用过来的外来语名称之间的相似性，证明 "Tita" 一词就是我们推测的 "Titus" 一名的一种特定形式。这种形式被用在一个远离印度边界的中亚地区所采用作官方和宗教文字的梵文或印度俗文字之中。必须考虑到的是，在这种情况下，这种自 "Titus" 向 "Tita" 的转写不可能是从一个操印度语地区介绍进来的，但是它被这样一支人群所采用：对该人群来讲，对齿音和脑音之间的明确区分就像对欧洲人来讲一样，也是不相干的。甚至在西北边境地区操印度语人群之中，我们发现那些毫无疑问是转借过来的名字也被不分青红皂白地用 ṭ 来代替希腊语的 t。例如可参照"达德"语中那种在齿音和脑音之间的混乱现象。

有足够的证据表明"梯忒尤斯"在公元初期的罗马帝国远东诸省包括叙利亚及其他靠近波斯的边境地区之中，是一个很常用的名字。最近在印度的考古学发现也揭示了这一现象，有一些取有优美的古典名字的人，如题写在迦腻色伽的白沙瓦首饰盒上的阿基西剌奥斯，还有泰奥多罗斯和海里奥多罗斯，他们都被雇用作印度河地区直至印度半岛的王室艺术家和佣人，这种情况一直持续到了贵霜统治时期。我们有把握作出的推测是，这种状况（不管其早期的年代可能有多么模糊）一直扩展到了印度和伊朗的边境地区，直至公元3世纪（如果不是更晚的话）。米兰寺院的时代不会离这一时期的末尾有多远，这个观点已经被所有上面讨论过的考古学的和题铭方面的证据充分证实。

这些寺庙中的壁画具有特别的说服力，它们表明了近东希腊化艺术的影响甚至在中亚这个偏远的角落里也是很强和直接的。因此被雇佣的艺术家中，有一个人拥有一个在那个时代从地中海岸到底格里斯河的罗马或拜占庭的东方题材中很常用的名字，这并不令人惊奇。正是作为一种罗马欧亚人（大量带有东方血统却又具有希腊化的传统），我想象出了这个绘画—装饰家，他的称号无疑经过浸透了佛教的东伊朗地区，被带到了中国边远地区。

在他之前更早的时候，还有同样来源的人曾经旅行到了赛里斯国，这一事实被记载在托勒密《地理志》一书中。在该书中，他记载了与连接着叙利亚和赛里斯首都的大贸易路有关的信息。该信息是地理学者马里纽斯（约公元100年）通过“一个叫马埃斯亦称作‘提提亚纽斯’的马其顿人，以及一个像其父辈一样的商人”那里得到的，那人经此路而派遣他的代理人。按照托勒密的记述，我们可以寻见他们的路线，那就是从幼发拉底河和底格里斯河出发向东北行，直至他们那个织造丝绸的赛里斯的遥远目的地。我们发现这条路会带着我们经过波斯一直到巴克特里亚地区，在后一个地方佛教曾建立起其在中亚的最古老的基地，而且多少个世纪以来它一直在持续繁荣着。有很多证据可以令我们作这样的推论，即米兰壁画的画师可能学会了将他们的技能运用于各个方面，以装饰佛教的寺庙。但是不到巴尔卡附近的废弃土墩以及南面兴都库什河谷里的洞窟进行系统的调查，我们是不能指望清楚地确定希腊化佛教艺术在向中国传播过程中所接受的伊朗影响的主要阶段的。

在没有对这个小题记（如果其解读是正确的话）所透露给我们的内陆亚洲艺术史作更进一步的探讨的情况下，我在此可以适当地提到的是一个有趣的题铭方面的结论，这个结论是我第一次将我推测的 Tita 即 Titus 向博耶先生请教时所提出来的。在此我最好是用这位杰出的印度学家的话来表述：“关于此我注意到，所谓 Tita=Titus 之对应，这里面在文字的运用上或许更不规范，我是指与字母 ca 和［bdam］的痕迹有关的方面：题记的作者毫无疑问就是壁画本身的作者，它们都是由一个外国人留下的，该人同时也是一个艺术家。"

　　接下来我要提到的是博耶先生对第二行题记所作的解读，这行题记前面我已经提到，它写在殿门上方的楣上，看上去出自一个规范的誊写员之手（图105）。我作的摹写非常清楚，它可以作如下解读：

eṣe iṣdaᵗe bujhamiputre

　　其意为："此是伊斯大它（Iṣidata），卜吉哈弥（Bujhami）之子。"正如博耶先生正确指出的以及题记的位置所显出的，这段简要的题记指的是它下面所绘的骑马王子魏珊闷剌（Vessantara）。他在这里被称作"伊斯大它"（来自梵文 *Ṛṣidatta*），这一事实很有趣，但我们也无须惊讶，因为这不过是在各种各样的名字"苏达拏"（*Su-ta-na*，梵文作 Sudāna）、"须大拏"（*Hsü-ta-na*）和 Sudaṃṣtra 中又增加了一个而已，由此看来，Vessantara（Viśvantara）一名在佛教传说中是很著名的。其他一个未知的名字 Bujhami 指的是否就是Vessantara 的父亲 Sañjaya 或其的母亲 Phusatī——正如在 Jātaka 文本中所分别指称的那样，这尚无法确定。在我们的写卷发现物之中，关于这些名字的新形式，可以从有关传说的一件粟特文或其他中亚版本中寻找到。

　　这些题记可以很容易地通过摹写的办法来获得副本，但是对于壁画来说就不同了。我发现要想对壁画做一种具有艺术和考古学价值的摹写，实际上是不可能的。甚至一个在特别的感光板和设备下工作的职业摄影师，也可能会发现他竭尽其技术来确保这些壁画色彩的和谐（它们在通行的环境下常常是被刮擦过或局部损毁过），但也常常是事与愿违。而对像我这样的业余爱好者来说，我对它们几乎是束手无策。在萧瑟寒风中，我拘束在一个低矮的角落里，为的是给绘在地面以上和一条曲折的围廊墙上的墙裙拍照，而那条围廊宽才7英尺。强烈的风刮着，整日整日地使拍照变得不可能；要么就是厚厚的尘埃，弄得光线很暗，以至于必须延长曝光时间，而这又进一步增加了我的照相机的风险，使它在寒风中摇动着，从而影响了拍摄效果。严寒使得拍到令人满意的底片的难度极大增加了，寒冷还使得在夜间冲洗底片变得不可能，除非我冒着底版在帐篷里被冻住的危险。为了减少失败风险，我在拍摄壁画时尽可能地用不同的光圈和曝光多拍摄几张。但当四个月后可以冲洗底版时，我发现要拍摄的照片还远远不够。作为这一局部失败的结果，必须在通过照相铜版复制出令人满意的照片以前，在印制图89～95、98、104、105中的那些照片时作进一步处理。我将这一细致工作托付给我的朋友安德鲁斯先生，他在这方面极为称职。由于将艺术家的眼睛与考古学家的精确结合在了一起，安德鲁斯先生的帮助和"润色"使这些照片的成功复制得到了极大的保证。

我感到很遗憾的是，我没有办法用彩色照片的方式将那些优美的壁画复制出来。可替换的办法就是将那些壁画从墙上取下来。不管有多么的勉强，我觉得这种将一块中楣之类的壁画按某种易掌握的尺寸切割下来，是准汪达尔人式的文化破坏者行为，我应该限制自己去做这样的尝试，而且我也没有这方面的经验以及适当的方法和时间。这些因素加起来，使得我要实行这么一项实际上是破坏性的行为会冒严重的风险。这里殿堂墙壁上的灰泥从材料上来讲与M.III不同，它由两个不同的层组成，其中外层处置得很好，而且还打磨得很光滑。但是这一层厚仅约0.25英寸，很脆弱。内层厚约1英寸，更酥脆，仅混有一点点草，因此也比M.III的灰泥表面更容易破裂。后者在表层上很单一，混合有大量的碎芦苇，因此更具黏合力。当我在拉姆·辛格的帮助下，小心翼翼地移走墙裙上戴弗里几亚帽的头像（图107）以及男子头像（图108）时，我发现我们是不可能阻止那些灰泥的外表层部分破裂成碎块的，因为其内壁的疏松黏土已变得很松动了。

我勉强才认识到，除非我一开始就采用挖坑道的办法，将表层后面的砖墙系统地挖掉，并使用一些特殊的器械先把弯曲的黏土质拉毛泥墁壁面加固，然后再取出它们，否则我别指望能获得任何较大一点的壁画块。确实的，即使在某种程度上我成功地在我那缺乏各种条件的沙漠营帐里即席制造出一些设备，也仍需要花费几个星期的时间来实践这些艰难的行动，并保证将这些壁画安全地包装好，以作长距离的运输。考虑到从穿越罗布沙漠到敦煌的路途中所面临的自然方面的障碍，以及还有工作等在前面，从实际情况出发我对我的计划作了调整。显然，我不能延迟我的探险队的启程时间，因为我对此举没有把握，而到2月下半月之后，在东面的远处还有新的工作在等待着我。在我的"旅行笔记"中，我已经详细地解释了做这些观察的理由。但是我又感到非常遗憾，我不得不离开壁画现场，而听凭它们再一次被置于该寺庙所能够接收到的任何填充物的保护之下。我曾尽可能地将壁画揭露在光线之下，而它们已有数世纪未接触过这些光线了，同时我又忙于对这古代聚落的其他散布遗迹的调查之中。对殿堂的回填工作直到2月11日才完成。这是一件令人悲哀的事——当我目睹那些精美的画像慢慢消失在沙子和黏土碎屑之中，在冬日沙漠的荒凉之中，这些画像在我的眼中却充满了生机。更令人悲哀的是，如果我能够预见到15个月以后这些遗迹注定要目睹苦涩的人间悲剧以及我那勇敢的"手艺人"拉姆·辛格注定要成为牺牲品的话就好了。另一件接踵而来的事可在下一个注释中找到有关的记载。1914年1月我重返米兰时，我发现 M.V 圆形围廊的南面部分已经暴露出来了，而南拱门上的大部分壁画已经剥落，其余的也因暴露而全部毁坏。根据罗布人的说法，这些事都是3年多以前一个日本旅行者干的，那人在遗址里停留了好几天时间，是他在剥离壁画时将这些地方揭露开的。现在只得做这样的期待：不管这些事情是怎样子的，它们也许已平安地抵达了它们的目的地，并且在不久以后就被学者们所接受了。遗憾的是，我有过多的理由来担心由于紧迫而敷衍了事的工作方法从而糟蹋了这些壁画。事实上我们有足够的证据显示出，那种切割壁画后面土坯墙的办法（我们发现这是安全地移动这些壁画的一种基本方法）并不曾被试过。

幸运的是北拱门的墙裙，由于伊布拉音伯克的照料所提供的保护而尚未被扰乱。对这部分壁画的移动，在我的指导下由拉姆·辛格的很能干的后任奈克·夏姆苏丁——他是第一流的坑道工兵和矿工——以及另一个印度助手成功地实施了。这项工作不管事先怎样认真地准备了一些设备以及我们在高压下持续不断的工作，全部完成下来还是花去了12天时间，这就是我的结论性的证据：我第一次访问这里时就已经正确地估计到了其中所涉及的技术性难度。

对我而言，剩下的事就是描述一下那些分散的属于米兰遗址的较早期聚落的废墟。我对它们的描述很简要。它们中的大部分都是一种倾颓的佛塔堆，其类型很常见，不带那种围绕着的带圆顶的圆形建筑物。由于很久以前就遭到"寻宝人"的挖掘，因此没有什么遗迹能提供出一些值得发掘的地方。从平面图上来看它们之中最大的是 M.IV，它是一座颓毁得很严重的长方形黏土建筑，位于 M.III 西面大约40码。其最长一面在南面，约46英尺。靠近西南角部分的土坯已被风力侵蚀成了碎块，但仍然高出原始地面约12英尺。从北面起，有人挖了一条坑道进去，经过土坯堆一直挖到了一座32英尺见方的方形实心基座中心附近。这基座的尺寸我做过认真的测量。它很可能是一座殿堂或佛塔的基座，在它的东面还有一些后加上去的晚期建筑物，可能曾做过小庙宇或者台阶。在其稀少的遗迹后面，仍到处可分辨出原始基座上的灰泥模制物。在这基座中心挖的一个坑一直通到了自然地面上，但除了少量的可能是人类的小骨头，什么也没有。

在 M.III 以北大约 70 码的地方，有一座实心的土坯堆 M.VI，其高度将近 20 英尺，但表面颓毁严重，以致无法确定其原始形状和大小。它的北面看上去受损毁最少，约 46 英尺，据我推测这个废墟——毫无疑问它是一座佛塔——曾有过一座方形的基座。由"寻宝人"挖的一条坑道从南面一直通到了中心。最低的土坯层仅高出现在的地面约 1 英尺或 2 英尺。另一座废弃的佛塔土墩 M.VII（图 109）在东北约 340 码处，尽管是用大约相同尺寸的土坯建造，但其表层同样也受到了毁坏。它的基座约 41 英尺见方，上面的上层建筑的布局和大小已经看不出来了。废墟的现存高度将近 24 英尺。在这里也有一条坑道，一直挖到佛塔的中心部位。从图 110中我们可以看出，这条坑道在西面。值得注意的是，遗迹周围地面所受到的风力侵蚀出奇的小，加起来仅有 1 英尺。它与那一组废墟（M.III~M.VII）北、东、南三面所发现的稀少遗迹很不一样。在对地面的结构做认真检查后，我被引导着得出了这样一个结论：这遗迹脚下的土地之所以被风力侵蚀降低到目前这样轻微的程度（没有一处地方超过 3 英尺或 4 英尺），可能是由于其所处的凹地位置提供了一种遮蔽作用。

有意义的是那种处于较高位置的裸露砾石平原，分布在这一组遗迹的东北面和南面，其间点缀着散落的雅丹似的黏土台地。这些台地的垂直高度就是风力侵蚀所达到的效果。在这平原的地面上，散布着大量的碎陶片。在这些台地中，仅有一处风蚀地还

图 109　米兰佛塔 M.VII 遗址，自南望

图 110　米兰 M.X 遗址穹隆顶建筑，自南望，清理后

存在有建筑物的遗迹，这块台地位于 M.III 东北约 700 码的地方。它们由一道东西走向的墙组成，墙长约 80 英尺，沿着一条雅丹的边缘分布，高 8～10 英尺，其右角上还附带有一道较短的墙。土坯堆厚约 3 英尺，没有一处地方高过 6 英尺，它由土坯构成。南面是一块壁立的黏土台地 M.IX，距 M.III 约 450 码，带有高 15～16 英尺的陡坡，其上面曾被一座从内侧量起来有 6 英尺见方的小建筑的墙所占据。这些墙的高度现在还不足 5 英尺。对它的清理结果未出土任何遗物，却证实了其土坯的尺寸大致与 M.III、V 中相同。不管其特征如何，建筑物的时代也是大致相同的。

这块台地的西面是一条明显的堤坝，其走向有一点曲折，但总的方向是南北向。它清楚地表明了一条古渠道线的遗迹。在东面可以看出其他两条轻微的分叉线，具有相同的特征。在这里我可以提及的还有土坯堆 M.XI，它位于前面提到的渠道线西面的高台地上，在 M.III 西一北西方向约 500 码处。其高度约 15 英尺，看上去似有一座 17 英尺见方的基座，基座里也有挖掘的痕迹。在 M.IX 东面分布着大量的小雅丹台地，此外在从 M.III～V 到吐蕃古堡的道路北面也发现有一些雅丹台地，它们的上面都分布有一些古代小陶器碎片，但没有任何建筑物遗迹。在这些风蚀台地顶部曾可能占据过的以及使得它们的地平面得以逃脱被降低命运的任何遗迹，必定是被彻底吹蚀掉了。

刚才提到的例外由一小组壁立的侵蚀台地组成，它们位于吐蕃古堡西南角之西南方向约 340 码处。这些台地中的一座可从图

图 111　米兰 M.X 遗址穹隆
顶建筑，自西南望

111 中看到，高 11~12 英尺，上面遗存有一座塔似建筑（M.X）的
垂直部分，虽然很小但具有别样的建筑情趣。正如在图 111 中所
看到的那样，它的墙壁外侧受损毁严重，而且它的南面和东面一
道消失在实心的基座之中。然而它的内侧保存状况良好，足以显
示出其内部的结构状况。它由一间小房子组成，7 英尺见方，上
面有一个半球形的穹隆顶。这座建筑高约 12 英尺，它所依靠的基

座是一种实心的土坯堆，高4英尺8英寸，用土坯建成，其间用厚6英寸的黏土层间隔。房间的边墙也是用同样的土坯建成，其高度一直到地面以上约4英尺2英寸，在那里它的平面图通过在角落放置突角拱的办法而变成一种八边形。穹隆形顶建在八角形上面，由梁托支撑的水平的成层土坯建成，其中最低的土坯层从地面以上6英尺4英寸处起建。穹隆顶和突角拱的拱顶所使用的土坯被焙烧过。

单独使用烧土坯的现象，足以使这座小寺庙在这处遗址中变得与众不同，但更有趣的发现是所使用的那种自方形向圆形的转变方法。将突角拱（在法语的建筑术语中称作"trompe"，意即突角拱）用作在"一种方形基座上安置穹庐形顶的方法"，已在公元4世纪以来的叙利亚、小亚细亚以及近东其他地区的建筑中得到了大量的验证。从那里开始，这种方法又通过拜占庭式建筑而带到了西方。但所有的权威学者都同意这样一个观点，即这种建筑特征仅仅是拜占庭艺术自中东学来的东西之一，而这种突角拱又是起源于波斯以及一个更早的时期。在这里既没有地方也没有必要来讨论它的建筑特征以及功能。但我可以指出的是，像那种在突角拱面上安插窗子的做法——正如图111中所显示出的在M.X的穹庐形小房间上保存下来的那种窗子，它也在现存的看起来是最早期的波斯突角拱例子中得到了反映。后者的例子见于萨威斯坦的宫殿之中，而且很流行。

考虑到在我们这座朴素的罗布淖尔小遗址与那座可能是萨珊

的宫殿之间所存在的遥远的距离，在前者中的每一个细节都值得我们的注意，因其可能代表了与西部伊朗及近东建筑方式保持过接触的一个更遥远的地点。由此看来，我应该特别提到的是，M.X 的突角拱顶是通过烧过的楔形拱砖方式来实现的。这些楔形烧砖被排成一种连续的尖弓形，每一个在高度和宽度上都逐渐减少。据我所知，它是中国新疆地区用楔形拱顶代替梁托的最早期的例子。同样有趣的还有突角拱以及它上面的穹隆顶，它们是用烧土坯建成的，而其余的建筑物部分则用土坯来建造。另一个相似的差别在于明显地根据建筑的缘由而采用的材料，它在早期波斯的穹庐形建筑（例如萨威斯坦的宫殿）中也很常见。在波斯的例子中，烧土坯的穹庐形顶是通过将突角拱建在用粗切割的石块建成的方形墙壁上的方式来实现的。

在这里我应该顺便指出，这种在建筑方式上与公元初期西亚建筑物之间存在的相似性的联系（这我们在 M.X 的例子中已经看到），还可以帮助我们来认识在寺庙 M.III、M.V 中观察到的建筑特征方面的真正意义以及相互关系。这些遗迹所显示出的圆形殿堂平面，同样也在近东的晚期异教徒和早期基督教的建筑中很常见。有大量的考古学证据来支持一个由很有才能的权威们得出的观点，即这种平面呈圆形的布局方式，最初起源于东方。可以肯定的是，在君士坦丁的大建筑活动将这种圆形布局连带那种密切相关的八角形结构介绍进拜占庭建筑以前，它对希腊化东方来讲就已经很熟悉。在那里，那种"中心化"的建筑形式是寺庙中特别受人喜欢的方式，这些寺庙中有一些很著名，例如亚历山大的塞剌佩翁，它将被古典世界所采用的起源于亚洲的仪式融入其不同宗教信仰的潘提翁之中。关于那种令人惊奇的相似性，我在这里忍不住要作一些简要的说明。米兰的两座寺庙中用来庇护小佛塔的圆形殿堂，表现出了流行于近东地区的早期基督教和拜占庭教堂中的圆形或八角形建筑的特征和目的。这种类型的建筑（与此密切相关的是一种十字形带中央穹隆顶的建筑）尤其受到了基督教殉难者或纪念性教堂的特别垂爱。由君士坦丁和海伦建在耶路撒冷的耶稣墓和奥里弗山上的带圆顶的圆形建筑物，是其中最著名的例子，"君士坦丁将这种类型规定为基督教世界应该接受并仿效的榜样"。在近东，这种圆形或八角形建筑方式看上去一度也被用于教区教堂之中。但是有意义的是，在欧洲它还例外地被保存在浸礼会以及殉教者的教堂之中。在后者以及佛教"纪念性寺庙"（如我们在犍陀罗以及塔里木盆地中所发现者）之间所存在的目的上的密切联系是足够明显的。贝尔小姐很恰当地指出了这一事实：这种类型的建筑在叙利亚和小亚细亚等地特别常见，那些地方极有可能在前基督教时期就被人们用来作崇拜的仪式。我们期待着我们中的某一个人能脱颖而出，该人熟悉为印度和中亚发现的大量遗址所证明的当地崇拜的延续情况。《一千零一座教堂》中很多在喀拉达格的教堂所占据的位置以及在小亚细亚的其他一些基督教教堂所占据的位置，可能都被印度崇拜者用作了"提尔它"，或者被其他的佛教徒用作他们的圣地。无须特别指明就可以看出，这种圆形平面布局从建筑角度来讲最适于那种可安置佛塔的寺庙，以及那种围绕着最早期的印度佛塔建筑物的圆形佛教围廊，后者在巴尔胡和山奇可以看到。这种建筑方式可能就是在犍陀罗和米兰所发现的那种圆形殿堂的原型。但是这种无疑是起源于古代印度的建筑原型是否就是唯一的，以及是否它使西方也感觉到了它的影响，这还是一个问题。要想得到一个明确的答案，必须等到我们知道更多的关于佛教向东伊朗传播以及它可能将其建筑方式也带到了那里的信息后，才能有所解答。

　　关于在米兰的圆形寺庙与其犍陀罗总部及希腊化东方例子之间所存在的那种联系这一有趣的问题，在这里我已不能够继续讨论下去。我也无法对史特拉兹高斯基教授的重要观察作更多的关注，按照他的观点，就伊斯兰时期以前而言，在波斯发现的那种穹庐形顶主要是放置在方形建筑之上的，而在希腊化艺术之中则主要是放置在圆形或八角形建筑之上。很清楚的是，不管这些问题对研究东方建筑史的学者来说具有多大的魅力，在找到从叙利亚和美索不达米亚到帕米尔高原的更多关系链之前，我们不可能期待得到有关这些问题的有把握的答案。我觉得要发现这种关系链，具有更大可能性的地方是在古代巴克特里亚及其邻近地区。我需要重申一下我的夙愿，即这些问题应该进入考古学的研究之中。

　　土坯的碎屑连同芦苇草及粪便垃圾，充满了小殿堂 M.X 中保存下来的角落里，其高度将近4英尺。除了陶器碎片，还出土了各种各样的小毛纺织品布片，以及一些与尼雅遗址中发现的相似的纺织品。除此之外，还出土了一卷软奶油色的丝绸。从其末端已很残破的状况上看，这卷丝绸可能被用作一种腰带。其从织边到织边之间的宽度为1英尺10.5英寸，这种尺寸超出了东汉以及秦朝时期丝绸的标准宽度——约2.5英寸。关于素织织物，就我们目前所掌握的知识状况来讲，无法作哪怕是大致的断代。但是从它的一般状况以及出土位置来看（发现于地面之上），我倾向于认为这个很残破的"腰带"是被某位后来的过客弃置在那里的遗物，那人或许曾在这里寻求遮蔽，而当时这房子的屋顶尚在。

关于遗址的古老性，除了我们已经讨论过的建筑特征外，还可以从其周围存在的风蚀"目击者"的深度上得到充分的证明（图110）。深切的侵蚀沟将遗址与其南和东面邻近的其他三四条雅丹隔开了，这些都明显标志着一度被一组建筑物所占据的地面的原始范围。这些雅丹中的一条位于 M.X 以东约80英尺，上面遗存有一座用土坯建造的建筑物遗迹，16英尺见方。土坯规格与 M.X 的土坯相同，其北面仍清楚可辨，厚3英尺。紧靠着它的风力侵蚀沟沟岸几乎壁立，其底部低于墙壁所代表的原始地平面17英尺。

这一极度的侵蚀效应清楚地从图111中反映了出来，它一开始就令我感到惊讶，我看到它周围的萨依上几乎遍布小砾石。但当我对这些雅丹的斜坡上暴露出的土层做进一步观察时，我就看出这种小砾石表层其实很薄，而它下面的土层则是由软的河相沉积黏土所组成的，其间夹杂着少量的小砾石。那表层的砾石层并不足以有效地保护住它下面的土层，使其不受到被侵蚀。相反地，这个砾石层还扮演了一种侵蚀力的帮凶角色，它使得那些过多暴露在侵蚀力之下的地面构造更易于遭受到强烈的东北风的吹蚀。由占据在暴露位置上的建筑物所提供的抵抗性，也会产生出一种风力涡流效应，并因此而加强当地的风力侵蚀能量。

在宽阔的红柳沙丘覆盖的地带，其表层的土的状况亦很独特。这些红柳沙丘一直扩展到了遗址区的北面。在那个地带，所有那些介于红柳沙丘之间的裸露地带上面，都覆盖着一层薄薄的小砾石。但紧接着砾石层下面，出现了一层厚厚的细尘土，看上去被河相的黏土所打破，人或牲畜的脚可以陷进去很深。这种现象很奇怪，它像那种被水所悬浮带来的流沙。在这里，距 M.II 北—北西方向约1英里，我那个罗布人向导托乎提阿洪指示给我看我们在这处遗址中所能够找到的最后一处废墟。那是一座炮台似的塔（M.XII），其底座约18英尺见方，用土坯建成。土坯堆略微向内侧倾斜，仍高出地面以上约12英尺。此处的地面极少受到任何的风力侵蚀破坏。当然，那座塔是建在其周围迷宫似的红柳沙丘形成以前。这里的红柳沙丘的高度可达到16英尺或更高，它们足以证明塔的古老。像1914年在更北面0.67英里处所发现的另一座相似的塔一样，这座塔也是被用来作守望之目的。

显然，在这样一个极迷惑人的红柳丛地带，其他的一些遗迹会很容易地逃脱出人们的注意力。事实上，1914年再访此遗址时，我发现在这个地带上还有两座更小的废墟。它们的被发现修改了我的关于这个遗址的一般性的结论，这些结论是从我上面描述过的发掘结果得出，它们曾使我们描绘出关于这处废弃遗址的历史。在我看来，它们证明了所有这些被调查过的遗址，除了唯一的例外古堡 M.I，其时代可追溯到一个大致与楼兰遗址所属相当的时期，即公元3世纪和4世纪早期，而且它们还证明了其放弃可能发生在人类在楼兰的占据终止之时。与这些佛教寺院和佛塔一起，曾相连着一些聚落，它们应是鄯善的"故东城"——抒泥。

当公元8世纪古堡 M.I 被兴建之时（可能接近唐朝在西域统治的末期），这些寺院都已经化作废墟。从现有的考古学资料来看，我们尚无法确定米兰的聚落在这个介入期期间持续存在到什么程度以及处在什么条件之下。没有发现任何可资确定那个时期的建筑物遗迹。所有属于那个时期的以及与吐蕃的占据同时期的聚落居住遗迹，或许已全部被埋藏在或者是仍能够进行灌溉的河流地带之下，或者是埋藏在现在仍从河流里接受地下水，而且上面长满了红柳沙丘的地带之下。没有迹象显示，在吐蕃时期之后这遗址还一直被人类占据着。我们可以有把握地作出的假设是：六个多世纪以前马可·波罗经过这里时，它也是那样一副孤立的废弃地的样子。这种状况一直持续到了我初访此地几年以后，那个小罗布拓殖点安置到这地方时为止。